俞敏洪口述：

在痛苦的世界中尽力而为

（第2版）

俞敏洪　口述
优米网　编著

当代中国出版社
Contemporary China Publishing House

图书在版编目(CIP)数据

俞敏洪口述：在痛苦的世界中尽力而为 / 俞敏洪口述 ; 优米网编著 . -- 2 版 . -- 北京 : 当代中国出版社，2024.1

ISBN 978-7-5154-1296-2

Ⅰ . ①俞… Ⅱ . ①俞… ②优… Ⅲ . ①俞敏洪－自传 Ⅳ . ① K825.38

中国国家版本馆 CIP 数据核字（2023）第 205265 号

出 版 人　王　茵
责任编辑　陈　莎
责任校对　康　莹
印刷监制　刘艳平
封面摄影　胡　迪
封面制作　鲁　娟
出版发行　当代中国出版社
地　　址　北京市地安门西大街旌勇里 8 号
网　　址　http://www.ddzg.net
邮政编码　100009
编 辑 部　（010）66572180
市 场 部　（010）66572281　66572157
印　　刷　中国电影出版社印刷厂
开　　本　787 毫米 × 1092 毫米　1/16
印　　张　13 印张　2 插页　137 千字
版　　次　2024 年 1 月第 2 版
印　　次　2024 年 1 月第 1 次印刷
定　　价　48.00 元

前　言

　　俞敏洪，"新东方"（即新东方教育科技集团，以下简称为新东方）的灵魂，时代的骄子。很多人都熟悉这个名字，知道他的经历，了解他的创业史，知晓他的传奇故事，却鲜少人知道他几十年人生的心路历程。

　　起初他的经历和我们许多人都一样，上学、高考、大学生活、参加工作、结婚生子、挣钱养家……后来他就和我们许多人不一样了，失去工作、失去住所、四处租房、白手起家、半夜贴广告、免费办讲座……所有创业时期的艰辛，俞敏洪一样不差地全都经历了，甚至几次与"死神"撞了个满怀。

　　俞敏洪，一连三次参加高考，最后一次才圆了北京大学的梦。在北大校园里他是一名内向的学生，不太与人交往，也很少参加学校社团的活动，一度被大家认为是最没有出息的人。但他独辟蹊径，刻苦学习，成为英语系耀眼的"单词王"，成为一本会说话的"大辞典"。因为留校任教期间被学校严厉处分，感觉自尊受到践踏，他悲壮地从北大辞职，成为一名办培训班的英语教师。几经周折，几历磨难，他从独自一人在大街小巷贴广告的个体户，变成拥有 2.5 万名员工的上市公司董事长、中国培训界的领军人物。他桃李满天下，学生遍布世界各地；他创造了新东方的奇迹，他的学生又在国内外创造着中国奇迹……

俞敏洪是一名普通的知识分子，却将知识转变成了财富。他扭转了人们多年来对知识狭隘的理解，知识不但是人类进步的阶梯，而且能为人们创造机遇，成就梦想。他一手缔造了中国外语培训的航母——新东方，亲自演绎了这个知识王国的神话。

2006年9月7日是个特殊的日子，新东方为中国的民办教育机构开了一个先河，也使新东方教育集团踏上了一个新的发展台阶。这一天，新东方教育集团在美国纽约证券交易所成功上市，股票开盘的价格为22美元，让所有的投资人都欣喜若狂，俞敏洪的个人资产也随即增加了6亿多元。在带给世人更多惊讶之后，人们也在思考和探寻俞敏洪成功之路的奥秘何在？

2011年3月，优米网的创办人、著名主持人王利芬女士对俞敏洪进行了一次访谈。俞敏洪在访谈中不仅坦诚地谈了他的人生和创业的经历，更坦言自己的心路历程和对人生的思考。本书就是在这次访谈录音的基础上整理而成的。

在俞敏洪的自述中，我们没有看到豪情万丈、热血澎湃的语言，只有平淡、低调、娓娓道来的叙述。他十分平实地回顾了自己的过去，没有夸大，也没有刻意隐瞒，却让人感受到一股强大的人格魅力。

他的"大树小草说"中有这样几句话："但是只要你有树的种子，即使你被踩到泥土中间，你依然能够吸收泥土的养分。自己成长起来，当你长成参天大树以后，遥远的地方，人们就能看到你。走近你，你能给人一片绿色。活着是美丽的风景，死了依然是栋梁之才。活着死了都有用。"

大树临风，承受着大自然和各种人为的附加，内心依然有一股豪气，但豪而不骄，它是蕴含在骨子里的，是内在的气节。我们走近俞敏洪，会看到他艰苦奋斗的成长历程，能感受到他的个人魅力，功成名就的他仍然走在探索中国教育的道路上。

　　今天的俞敏洪对人生的思考更加坦荡，对人生的感悟更加恬淡，更在意人生的意义、价值和社会责任。俞敏洪带给我们的是一种境界，是谦虚的，是上进的，是有梦想的。正像俞敏洪回首走来的一路所感言的："人生就是这样，你不受这个苦就会受那个苦。一个人如果从苦中能找到乐和幸福，那他就是幸运的。……我深刻地意识到什么也不做的痛苦比任何其他痛苦更加深刻，所以我一定要做事，做事的标准就是必须做对社会有好处的事情，以最大的努力在痛苦的世界中尽力而为。"

　　俞敏洪的传奇经历不但谱写了新东方的辉煌，也向我们传递着自强不息的精神力量。

目 录
CONTENTS

成功的品质

无论出身怎样，都要自强不息

从出生到 18 岁，我一直在一个小村庄里生活，和我的童年伙伴一样，每天看到的都是相同的风景，遇到的都是熟悉的乡邻。我本来应该一辈子过着平平淡淡的农村生活，娶妻生子，在土地上劳作，然后在每天迎来朝阳送走晚霞的日子中慢慢变老。

但老天偏偏让我降生在长江边，又偏偏在我家的东边生成一座 50 米高的小山，爬上这座小山，长江便一览无余。那时候还没有污染，可以极目远眺，看得很远很远。一些船从江边过来，又消失在江边；一些云从天边来，又消失在天边。于是我就开始好奇，天的尽头到底有什么？如果我坐上船能够到哪里呢？感谢我的几个亲戚，因为他们在上海，于是在我 8 岁的时候，母亲决定带我到上海走一趟。坐船半天一夜，终于到了上海。这次旅行，长江的壮阔、吴淞口的苍茫、上海的灯光、街道的繁华，都给我留下了深刻的记忆。从此，我的心开始渴望旅行，幻想着长大后要走出村庄，走向更远的地方。

为了能走出农村，我一连参加了三次高考。1978 年第一次高考失利之后，因为考上的人很少，我没有特别失望，家里人也没有给我什么压力，反正不行就在农村干活吧。我在家里开手扶拖拉机，插秧，割稻，这样干了两三个月。我们大队初中教英语的老师回家生孩子去了，学生的英语课没有人上。校长听说我高考是考外语的，就找到我，问我能不能去教初一学生的英语。我当时才 16 岁，既没有当老师的想法，也不敢去。我妈一直认为我是一块当先生的料，不应该干农活，就拼命鼓励我去，说这是一个机会，说不定就能够离开农村，不用天天种地了。当时的老师是 20 多块钱一个月，这个待遇在农村来说已经是很高的了。就这样，年仅 16 岁的我成了代课老师。

我就边代课，边复习，这样复习了大概 8 个月以后，1979 年的高考又开始了。这一年的高考我的总分过了录取分数线，但英语只考了 55 分，而常熟师专的英语录取分数线变成了 60 分，结果我再度落榜。这个时候，那个英语老师也生完孩子回学校了，我的课也代不成了，只好再次回到农村。

第三次复习真正变成了全职脱产学习。我带领同学一起拼命，早上带头起来晨读，和大家一起背单词、背课文、做题、讨论，晚上 10 点半熄灯以后，大家全部打着手电在被窝里背单词。这个班是 1979 年 10 月中旬开课的，到 1980 年春节的时候，我的成绩还在倒数第 10 名。当年的寒假就放了一个星期，我一天没落，整天背课文。结果，四五十篇课文被我背得滚瓜烂熟。不知不觉我超过了很多同学，在 1980 年 3 月份第二学期的时候，我的成绩就变成了全班第一。

1980 年的高考开始后，英语考试时间是 2 个小时，我仅仅用了 40 分钟就交了卷。我们的英语老师大怒，迎面抽了我一耳光，说今年就你一个人有希望考上北大，结果你自己给毁了。他认为我这么快就交卷，肯定没有做好。但是，我是一个典型的直觉型思维的人，如果做完题一检查，可能就改错了。

考完以后，我估计自己能考 400 分，结果只考了 387 分。当年，北大的录取分数线是 380 分。8 月底，北大的录取通知书来了，我妈说，以后我到了北京，就回不来了，尽管没老婆，这次把结婚的酒席也一起请了吧。于是就把家里的猪、羊、鸡全部杀了，招待全村人吃了好几天。我们村里的人从城里调了一辆拉土的大卡车，把我从江阴一直送到了常州。我在常州上了火车，站了 36 个小时到北京，一点儿都不觉得累。就这样，我进入了北京大学。

我第一次坐火车就是这次到北京去上大学，这也是我第一次亲眼看到火车。我考大学考了整整 3 年，自己也没弄明白是什么让我坚持了 3 年。我从来没有想过北大是我能够上学的地方，她是我心中一块圣地，觉得永远够不着。但是第三年考试时我的高考分数超过了北大录取分数线 7 分，我终于下定决心填了"北京大学" 4 个字。我知道一定会有很多人比我分数高，我认为自己是不会被录取的。没想到北大的招生老师非常有眼光，料到了 30 年后我的今天。但是实际上我的英语水平很差，在农村既不会听也不会说，只会死背语法和单词。

学生时期的生活是非常美好的，也有很多美好的回忆。不过我的大学生活还是有些孤独和自卑的，一个农村孩子走进大城市之后的转变是深刻而又痛苦的。四年大学对我来说最大的安慰就是周末可以走出校园，到北京的周围去爬山。我曾经无数次坐在香山顶上看夕阳下山和那些连绵起伏的山。

上学的时候我几乎不大会说普通话，一张嘴就带着明显的江阴味道，连普通话都说不好，说英语也就更加不可想象了。我记得刚进北大的时候，全班同学第一次开班会互相介绍，我站起来自我介绍了一番，结果班长站起来跟我说："俞敏洪，你能不能不讲日语？"我后来用了整整一年的时间，天天拿着收音机在北大的树林里模仿播音员的发音，但是直到今天我的普通话还是讲得不好。

课堂发言对我来说，更是一件非常痛苦的事情，每一次说英语都是个难关。我的英语老师曾说除了能听懂我说的"俞敏洪"三个字外，其他就不知道我在说什么了。我们班分班的时候，50个同学分成 3 个班，因为我的英语考试分数不错，就被分到了 A 班，但是一个月以后，我就被调到了 C 班——"语音语调及听力障碍班"。我不是一个逃避的人，分到 C 班后，我就开始想办法提高我的英语水平。我的记忆力很好，于是就在听单词、背单词上下苦功。每天我除了吃饭睡觉，其余时间都随身拿着小收音机，只要有时间就收听广播，不分任何时间，就连到了寝室关灯的时候我也不休息。一到熄灯时间，我就跑到走廊尽头有灯的地方，继续听英语。

我把时间和精力都放在词汇、语法、阅读上，我的目标就是成为单词专家，或者说先把基础打好，口语可以慢慢练嘛。很快，我的英语水平就迅速提高了，不管什么单词都深深地印在我的大脑里了。那个时候我还有个外号叫作"单词王"，我就是他们眼里的一部英语"大百科全书"。班里的其他同学都说我当时听外语听得两眼发直，蓝汪汪的，像饿狼一样。

大三第一学期的时候，我被诊断出得了肺结核，必须休学一年，卧床养病。刚听到这个消息的时候，我一下子懵了，好不容易赶上了班级的学习进度，学习的劲头正旺，却要休学一年。我被送进了坐落在北京西郊山区的结核病疗养院。这个疗养院的围墙尽管很高，但在楼上的房间里能看到周围的山。我在医院里度过了一年的四个季节，正好看全了山的颜色，春天粉红的，夏天青翠的，秋天火红的，冬天萧瑟的。在医院的门口，还有一座小山，山顶上刻着冯玉祥写的"精神不死"四个大字。我几乎每天都要去爬这座小山，对着这四个字发呆。后来身体好点儿了，医生允许我走出大门，我便去爬遍了每天从医院的窗户里可以看到的那些山峰，那个时候我总是感到很寂寞。

那一年休学养病的时间也是很痛苦的，觉得在学习上刚刚缩小的差距又被拉大了，很不甘心，不过我又找到了另外一种既能养病又不耽误学习的好方法。刚进北大时，我没看过《三国演义》《水浒传》这些名著，更不知道黑格尔、康德是谁，同学们都觉得我没什么见识。为了和好友赌 10 元钱，我曾经花了 5 天时间，每天背 10 个小时，把《离骚》背完了。实际上换个思维方式看问题，那些天天批评、挑刺，哪怕是在后面说坏话侮辱我的那些人也是自己的朋友或者另一种身份的导师吧。休学的这一年，我读了 600 多本书，平均一天两本书的阅读速度，将中国历史和文学典籍看了大半，什么《资治通鉴》《孙子兵法》《论语》《曾国藩家书》《三国演义》……只要我能找到的、有名气的书，我基本都看了。也就是在医院的这一年，我读完了《徐霞客游记》。

我希望这些书能在培养文化素养方面给我帮助，我用的就是填鸭的方式，先存放在脑子里，等着日后慢慢地消化。说起来，那个时候的书都没白看，还是潜移默化地影响到了我的价值观和看待问题的方法。

要把自己当成面粉不断地"揉"

因为中途休学了一年，我在北大实际上是留了一级，所以无论是我同届的还是下一届的，都不认可我是他们的同学。我是从北大的 80 级转到 81 级的，结果 80 级和 81 级的同学几乎全部把我忘了。当时我的同学从国外回来，80 级的拜访 80 级的同学，81 级的拜访 81 级的同学，但是没有人来看我，因为两届同学都认为我不是他们的同学。我感到非常痛苦，非常悲愤，非常辛酸。

现在，我明白当时那种心态是错误的。打一个比喻，当一个人还是地平线上的一棵小草的时候，有什么理由要求别人在遥远的地方就看见你？即使走近了，别人也可能会不看，甚至会无意中一脚把这棵草踩在脚底下。想要别人注意的话，就必须变成一棵大树。人是可以由草变成树的，不管是白杨树还是松树，人们在遥远的地方都能看见在地平线上成长的你。

明白了这个道理之后，我就再也不会去责怪那些同学了。现在，我多少也做了一些事情，两届的同学都承认我是他们优秀的同学。因此，我不可能强迫别人承认自己，一定要自己通过行动证明自己。

这 5 年也没有一个女孩子爱我，我也想过主动追求女生。我还记得我们班有一个男生，每天都在女生的宿舍楼下拉小提琴，希望能够引起女生的注意。我还记得我自己为了吸引女生的注意，每到寒假和暑假都帮着女生扛包。后来我发现那个女生有男朋友，我就问她为什么还要让我扛包，她说为了让她的男朋友休息一下。

学生时期，我基本上将时间都花在学习英语和读书上面了，也很少参加社团活动，人际关系绕来绕去也就那么几个人而已。我养成了这么一个习惯，就是不善于和人打交道。首先，我是从农村来的，普通话讲不好；其次，我又产生了自卑的心理。所以，除了跟宿舍的几个人认识以外，跟其他北大的任何一个人都不认识。我在大学最大的遗憾之一，就是没有参加任何大学生社团的活动。后来我深深体会到，大学生的社团活动实际上是很重要的。它对一个学生锻炼自己的心志，锻炼自己开朗的个性，锻炼自己与人交往的能力，都是非常重要的。但是我没有在学校里锻炼出这个本事，所以说，我在北大求学的 5 年，过的是一种比较单调的苦行僧的生活。

回头看看求学的那段时间，我还是很有收获的。就像我说过的"揉面定律"一样，很多意志力较强的人遇到困难、打击、失败、挫折的时候，不是绝望地放弃或者顺从，而是更能适应这个处境，就像是往面粉中掺水一样。掺水的过程中就要不断地揉，最后慢慢就变成了面团，再拍就散不了了。继续往下揉的话它就变成了拉面，你可以拉，可以揉，可以变换形状，但它就是不断。

比如说，人生的某个时刻，或是一个人还未问鼎成功的光环之时，必须"沉潜"在深水里，少安毋躁。只有修炼到一定程度，才能成为展翅高飞的大鹏。相反，一个人若不能适应这种环境，那么他的人生很难有真正的成就。如果说我从来没有自卑过，只是自大、傲慢过，那么我一定很浅薄。当年自卑的感觉也是一种磨炼，让我在很多情况下都能沉住气，能比别人多想一些、多看一些。

不管怎么说，北大是改变了我一生的地方，也是提升了我人生价值的地方，使我从一个农村孩子最终走向了世界。毫不夸张地说，没有北大，肯定就没有我的今天。北大给我留下了一连串美好的回忆，同时也留下了一连串痛苦的经历。正是在美好和痛苦中间，在挫折、挣扎和进步中间，最后找到了自我，我开始为自己、为家庭、为社会能做一点儿有意义的事情。

在北大有很多事情特别让我感动。比如说，我很有幸见过朱光潜教授。在他生命最后的日子里，是我们班的同学每天轮流推着轮椅在北大里陪他一起散步。每当我推着轮椅的时候，我心中就充满了对朱光潜教授的崇拜，一种神圣感油然而生。我在大学看了很多美学领域的书，因为他写了一本《西方美学史》，是我进大学以后读的第二本书。

为什么是第二本呢？因为第一本是这样来的。我进北大以后走进宿舍，我有个同学已经在宿舍。那个同学躺在床上看一本书，叫作《第三帝国的兴亡》。我问他："在大学还要读这种书吗？"他把眼睛从书上拿开，看了我一眼，没理我，继续读他的书。这一眼一直留在我心中。我知道进了北大不仅仅是来学专业的，要读大量的书，你才能够有资格把自己叫作北大的学生。所以我在北大读的第一本书就是《第三帝国的兴亡》，而且读了3遍。后来我就去找这个同学，我说："咱们聊聊《第三帝国的兴亡》吧。"他说："我已经忘了。"

在北大当学生的时候，我一直比较具备为同学服务的精神。我这个人成绩一直不怎么样，但从小就热爱劳动，我希望通过勤奋的劳动来引起老师和同学们的注意。我的手脚比较灵活，一劳动就能干得很好，这在当时可是很有荣誉感的事情，这一点我绝不撒谎。14岁的时候，我们整村人插秧，没有一个人能比得过我。说我获得过县插秧冠军，那是假的，但是呢，在我们村的插秧比赛我可真是第一名。干其他的农活我也是手脚特别的快，干所有农活我都是一把好手。所以从小学一年级开始，我就一直积极主动地打扫教室卫生。

我在小学、中学，成绩都在 20 名之后。但是我常常会被选为卫生委员，大家认为我扫地特别干净，就选我做卫生委员，其实就是家庭的劳动习惯延伸到学校去了。

到了北大以后，我还是保持着这个良好的习惯，每天为宿舍打扫卫生，这一打扫就是 4 年，所以我们宿舍从来没排过卫生值日表。另外，我每天都拎着宿舍的水壶去给同学打水，把这当作一种体育锻炼。大家看我打水习惯了，最后还产生了这样一种情况，有的时候我忘了打水，同学就说："俞敏洪怎么还不去打水？"但是我并不觉得打水是一件多么吃亏的事情，因为大家都是同学，互相帮助是理所当然的。同学们一定认为我这件事情白做了。又过了 10 年，到了 1995 年底的时候，新东方做到了一定规模，我希望找合作者，就跑到美国和加拿大去寻找我的那些同学，他们在大学的时候都是我的榜样。我为了"诱惑"他们回来还带了一大把美元，每天在美国非常大方地花钱，想让他们知道在中国也能赚钱。我想大概这样就能让他们回来。后来他们回来了，但是给了我一个十分意外的理由。他们说："俞敏洪，我们回去是冲着你过去为我们打了 4 年水。"他们说："我们知道，你有这样一种精神，所以你有饭吃肯定不会给我们粥喝，所以让我们一起回中国，共同干新东方。"这才有了新东方的今天。

质朴做人，本分做事，坦诚待人

我这个人比较实在，和朋友交往不留私心。也许就是我人性中单纯、善良、朴实的东西打动了和我交往的人吧，他们中的许多人都成了我工作和生活中的好友。也许就是这样的为人处世风格，我很有人缘，交际圈子也越来越广泛。其实我也没什么秘诀，就是质朴做人，本分做事，坦诚待人。大概是现在冷漠的人太多了，我的坦诚反倒帮我赢得了真正的朋友。

我在创办新东方之初，给学生作免费讲座，需要找讲课地点。那个年代中关村礼堂是比较大的了，可以容纳1200人，再就是北京图书馆，可以容纳1200人，这都是我免费讲座首选的地方。当时北大还没有现在的北大纪念讲堂，北大纪念讲堂当时叫作北京大学第三食堂，平时学生还在里面用餐，只是在我需要的时候才临时作为讲座的课堂，听课的学生也是各自搬着椅子进来听的。又过了几年，北京大学第三食堂才由搬椅子变成了固定座椅，上面的屋顶以及其他设施都没变，完全是把1500个座位一排排地固定好的。直到北大建校100周年纪念的时候，也就是到了1998年，才改成了现在这个样子。

我后期还多次租用过北京大学的这个礼堂，但是有一段时间被北大的校领导知道了，就不允许我再租用。理由是原北大老师俞敏洪曾被学校严厉处分过，现在又回到北大扰乱教学秩序和学校环境，每一次都从校外涌进那么多人听课，把北大校园安静的秩序弄得一团糟。北大既然这样说了，校方的面子我还是要给的，有个阶段就不在北大这里举办免费讲座了。

但是有意思的是，北大那个礼堂的主管后来成了我的哥们儿。和哥们儿在一起，我们经常喝酒。只要是喝酒，我就比较厚道，从来不在酒量上偷奸耍滑。那个时候的人际交往很简单，有的时候就给他们送包烟。当时还不知道送钱，当然他们也不知道要收钱，就是送包烟或者送一条烟，表表心意罢了，结果大家都很开心，就当哥们儿之间一种挺随意的你来我往。我就跟礼堂的主管喝过两次酒，他觉得俞老师这个人挺有义气的，幽默风趣，没有任何架子。他后来想方设法在租用礼堂上给我提供便利。还有北大校卫队的队长也跟我变成了哥们儿，我们经常在一起聚聚。后来我打造社会关系的能力变得越来越熟练了，我也渐渐习惯了人际交往，这样一来的话，无论对我个人还是对新东方的成长，都起到了促进作用。

别人五年干成的事我干十年

我做事就是比较有毅力，从小时候开始就是这样的。我有一个特点，我比较喜欢持续不断、长期性的努力。新东方能做到今天，跟我这个特点也是有关系的。我从来不担心别人比我做得更好或是更快，我可能要用更长的时间，但我的结果不一定比别人的差。小学的时候，别的同学课文都背完了，我还没有背完。别人用一天背完一篇课文，我可能要用一个星期或两个星期。但是我有一个目标，就是要把课文背完，要把课文背得滚瓜烂熟，这样背完以后，我就忘不了了。

我在北大学习期间有两件事一直是苦闷的，第一是普通话不好，第二是英语水平一塌糊涂。记得我到大学四年级毕业时，成绩依然排在全班最后几名。但是，当时我已经有了一个良好的心态。我知道我在聪明上比不过我的同学，但是我有一种能力，就是持续不断地努力。所以在我们班的毕业典礼上我说了这么一段话，到现在我的同学还记得。我说："大家都获得了优异的成绩，我是我们班的落后同学。但是我想让同学们放心，我决不放弃。你们5年干成的事情我干10年，你们10年干成的我干20年，你们20年干成的我干40年。"我对他们说："如果实在不行，我会保持心情愉快、身体健康，到80岁以后把你们送走了我再走。"

有一个故事说，能够到达金字塔顶端的只有两种动物，一是雄鹰，靠自己的天赋和翅膀飞了上去。我们这儿有很多雄鹰式的人物，很多同学在学习上不需要太努力就能达到高峰，很轻松地在北大毕业后又进入哈佛、耶鲁、牛津、剑桥这样的名牌大学继续深造。很多同学都具备天赋，不需要多努力学习就有这样的才能，比如我的班长王强，他的模仿能力就是超群的。他到任何一个地方，听任何一句话，听一遍模仿出来，绝对不会两样。所以他在北大广播站当了整整4年播音员。我每回听着他的声音，咬牙切齿。所以，有天赋的人就像雄鹰。但是，大家也都知道，有另外一种动物，也到了金字塔的顶端。那就是蜗牛。蜗牛肯定只能是爬上去，从最底下爬到最上面可能要一个月、两个月，甚至一年、两年。在金字塔顶端，人们确实找到了蜗牛的痕迹。我相信蜗牛绝对不会一帆风顺地爬上去，一定会掉下来、再爬，再掉下来、再爬。但是，我们所要知道的是，蜗牛只要爬到金字塔顶端，它眼中所看到的世界，它收获的成就，跟雄鹰是一模一样的。所以，我们中的人有的是雄鹰，有的是蜗牛，但是只要努力了，蜗牛也是可以取得跟雄鹰一样的成就的。我在北大的时候，包括到今天为止，我一直认为自己是一只蜗牛。但是我一直在爬。也许还没有爬到金字塔的顶端，但是只要我在爬，就足以给自己留下令生命感动的日子。

找个能打磨自己的女人

我做任何事情都不太容易抢占先机，因为天性有点儿与世无争，反映到学习和追求上就是不够上进，或者说没有进取心。1985 年大学毕业，是我人生中一个新的起点，这一年我在北京大学修完了全部学业并且留校任教了。我当上了北大英语系的老师，一个星期授课 8 节，月薪 60 元。不是因为我的成绩多么优秀才留校的，而是因为当时北大公共英语迅速发展，师资严重缺乏，结果把我这个中英文水平都"残缺不全"的人留了下来。尽管当时我的教学水平不怎么样，但是我却很喜欢北大宁静的生活，而且能当一名老师也是我最大的心愿了。

按照北大相关的管理规定，学校还分给我一间 8 平方米左右的小地下室做宿舍。我每天在北大分给我的这间 8 平方米的地下室里自得其乐，天天在见不到一丝阳光的房间里读着马尔克斯的《百年孤独》。整个楼房的下水管刚好从我房间旁边通过，24 小时的哗哗水声传进耳朵里，我把它听成美丽的瀑布而不去想象里面的内容。后来北大可怜我，把我从地下室拯救出来，让我搬到了北大 16 楼同样 8 平方米的宿舍里。每天早上打开窗户就能见到阳光，把我感激得泪水横流，决定就这样把一辈子都献给北大。

当时很多人都向往我这样安逸的生活和工作，经过青年时期的艰苦奋斗，在中年到来以前取得些工作成绩，在良好的工作环境中工作，就可以松一口气了，接下来就可以按部就班地出书、晋升、做教授了。在自己喜爱的事业中发挥自己的聪明才智，创造一个个的辉煌战绩，再把自己的名字刻在荣誉的奖杯上，让自己的成长经历成为年轻人奋发上进的指南。

我工作上比较努力，这得益于我学生时期养成的一些好习惯。我第一次在北大给学生上课是在 1985 年，刚开始面对学生的时候心里很紧张，过了一段时间就适应了。学生们也都喜欢我，因为我生性幽默，课堂气氛非常好，讲课的水平也提高了。不过，即使我当了老师，我还是不善于和人打交道，我的朋友并不多。虽然我的课很受学生们的欢迎，但是在教师圈里我却没有什么交往，我还是游离在大家的视线和交际圈子之外。

20 世纪 80 年代末 90 年代初，正是全国上下出国潮高涨的时候，那个时候出国几乎成了一个人成功的标志。当我还埋头教书的时候，为数不多的几个好友却开始悄悄准备去美国了。虽然我们中的大部分人很快适应了北大安逸的生活，而且也会取得一些令人瞩目的成绩，但这些都是按部就班、亦步亦趋得到的。没有大的惊喜，也没有大的波折。然而，有些人却不喜欢这样波澜不惊的生活和工作方式，他们一心想的都是出国。

我是一个对周围的事情发展很不敏感的人。到今天为止，我对国内国际的政治形势变化依然反应迟钝，认为这是大人物的事情，和我这样的一介草民没有太多关系。我对周围的人在做些什么事情反应也很迟钝，认为这是人家的私事，我没有知道的权利，而且也不想知道别人的私事。在这种迟钝中，我周围的世界和人物都在悄悄地发生变化。中国已经向世界开放了，出国的热潮在中国悄然兴起。我周围的朋友们都是奔走在风口浪尖上的人物，迅速嗅到了从遥远的国度飘过来的"鱼腥味"，偷偷地顺着味道飘来的方向前进了。当时大家联系出国都不会让单位知道，甚至不愿意让朋友知道。有那么一段时间，我发现周围的朋友们都失踪了，最后接到他们从海外寄来的明信片，才知道他们已经登上了北美大陆。

看到他们都出国了，我依然没有生出太多的羡慕。我一直认为能从农村出来进入北大就已经算登天了，出国留学对于我来说是一件奢侈得不敢想的事情，还是顺手拿本《三国演义》读一读比较轻松。但不幸的是，我这时候已经结了婚，我不和别人攀比，我老婆会把我和别人比。她能嫁给我就够为难她的了，几乎是一朵鲜花插在了牛粪上。如果我太落后，她这脸面往哪里搁呀？突然有一天我听到一声大吼：如果你不走出国门，就永远别进家门！我一哆嗦后立刻明白我的命运将从此改变。

老婆的一声吼远远超过了马克思主义的力量。从 1988 年开始，我就被迫为了出国而努力学习。每次我挑灯夜战 TOEFL 和 GRE 的时候，她就高兴地为我煮汤倒水；每次看到我夜读《三国演义》，她就杏眼圆睁，一脚把我从床上踹到地上。我化压力为动力，化被动为主动，终于考过了 TOEFL，又战胜了 GRE，尽管分数不算很高，但毕竟可以联系美国的大学了。于是我就开始选专业，我平时虽然涉猎甚广，但对任何专业都没有真正的爱好和研究。我就"病急乱投医"，几乎把美国所有的大学都联系个遍。美国的那些教授一个个鹰眼犀利，一下就看出来我是个滥竽充数的草包，连在太平洋一个小小岛屿上的夏威夷大学都对我不屑一顾。

没有愿意给我提供奖学金或者助学金的学校，我只能自己准备这一大笔学费了。去美国至少需要 2 万美元，折算成人民币得十几万元，现在来看这个数额不是很大，但是在那个时候这可是一笔天文数字了。那一年，我为了积攒赴美国求学的各种费用，就约了几个同学一块儿出去代课，挣出国的学费。我们悄悄在其他几个学校的培训班里代课，代课方式很有效，最大的收获就是代课费很高，1节课30元，10节课就是300元。我的个人收入很快就增长了起来，当时心里想的是用不了多久，这笔天价的费用就可以准备充足了。校外代课能获得高回报的这种激情就像一团火，熊熊地在我的心里燃烧着，那个时候我已经无法控制快速增加收入的渴望了，在课余时间里我全身心地投入了代课的工作中。

从1988年到1990年，我为出国先后挣扎、拼命了3年。虽然我在校外代课的收入挺可观的，但是这些钱还是没能满足我前期申请出国各种花费的需要。在花光了所有的积蓄和代课收入之后，我还是因为缺钱致使出国读书的梦想破灭了。

当时我老婆对我也是高标准严要求的，我就拼命地努力学习、赚钱。第一步的努力方向就是拼命想出国，没有成功，我就转了个方向继续努力。第二步的努力方向就是我必须要让家里有钱花，这样我就可以让老婆对我的危机感往后延续一点儿，尽管当时我不觉得能够解除这个危机感。当时有钱花的标志其实挺有意思的。我老婆是天津的，我是江苏的，我在长江边上，她在海河边上，所以都喜欢吃鱼。我们两个都是工薪阶层，都是大学里的普通老师，因为没有钱，我当时买鱼就专门买死鱼，因为死鱼只要两块钱一斤或一条两块钱，活鱼就变要六七块钱。我记得的一个转折就是，我到外面上培训机构的课以后，开始是一二百块钱一个月，后来就变成了六七百块钱一个月。当时我老婆在中央音乐学院工作，我们住在北大的宿舍里面，所以她从中央音乐学院回来以后肯定不能给我做饭，晚上一般我就负责做饭。记得有一次她下班回来以后，发现鱼汤是用活鱼做的，就很开心。那天晚上好像就成了我们生活的转折点，从此以后，她开始对我变得温柔了，因为能吃到活鱼了。

出国不成，积蓄也花光了，好好活下去便成了我的第一选择，于是我每天晚上出去授课谋取生活费用。从 1988 年开始，3 年多联系出国的经历，使我对出国考试有了很深的了解。而此时的中国已经进入了 20 世纪 90 年代，大家已经开始明目张胆地为出国而拼命。这个时候北京的 TOEFL、GRE 培训班已经遍地开花，就连北大里面也有了 TOEFL、GRE 培训班。北大里面的培训班轮不到我去教，因为老资格的人把职位全占满了，我又需要钱，于是我就只能到外面去教。

我出去代课，这样可以额外收入一些钱，但是我这个人天生有那么一点点经商的头脑，看着很多同行都在招生办班，我的心思也就活了。我计算了一下，作为一个代课教师，而且自认为是一个授课顶好的教师，我只拿到了招生费用的 1% 或者 2% 的比例作为我的工资，怎么想也觉得自己的付出和回报不成正比。我觉得如果自己办培训班的话，无论如何都会比那些学校和那些老师办得更好。这就有了跟北大的一个老师联合办班的想法。他想办法盖上民办学校招生的章以后，我们俩就在北大校园张贴广告开始招生。生源很快就突破了我们两个人的预计，而且还有些学生是慕名而来，取得了开门红。这个班的诞生给我带来了一个意外的"惊喜"。

这个办班的过程实际上带来了什么呢？它的出现直接导致了北大的英语短期培训班学生数量的锐减，因为有一部分学生被吸引到我这边来上课了，这种情况引起了当时的英语系领导的强烈不满。这种不满情绪上升到最后，就变成了北大给了我一个行政记过处分。

按理说，我在北大租用礼堂做讲座，北大的后勤行政主管或者校长肯定是管不到这个事情的，他们也没这个时间和精力关注我的一举一动。北大校园里还能关注我、对我感兴趣的人并不多，也就是给我处分的那些人——那些利益的相关者。北大处分我表面的原因，是我在外面教了课，违反了学校的规定，深层原因则是和北大的英语短期培训班上课的学生人数减少，导致培训费的收入减少有关，引起了那些利益相关者的不满，所以我就成了北大整个英语系的死对头。

为什么呢？第一，管理短期英语培训项目的北大老师的收入减少了，这个项目的运作当然是这个人拿得最多的，我的培训班直接影响到了他的收入。第二，围绕这个培训项目获利的其他老师收入也减少了。也就是说，北大英语系的其他老师都在那儿教书，我瓜分了他们的生源，等于抢走了他们盘子里的蛋糕。第三，这个项目剩下来的利润在每月的月底都会分下去，每个老师都是可以拿奖金的，叫作人人有份。那么我的培训班一举办，学生就流失了一大部分，很显然北大的英语老师们就会少拿这一部分，这个主管也必然就少拿一部分。当然了，他们自己的上课费还是不一定少拿的。

总而言之，大家已有的经济利益都受到了损失。内心不平衡的矛头很快都指向了我，就因为我俞敏洪这么一个人，坏了大家的好事，所以我的这个处分是有雄厚的群众基础的。试想，如果没有群众基础，它也不会随便处分我的。这个处分下发了，大家都觉得这个处分是对的，没有人同情我，我当时确实是犯了众怒。

后来想想自己也做得挺过分的，断了别人的财路，肯定要引起别人的不满。但是短期英语培训项目收入的减少也是没有办法避免的，即使我不出来办班，别的学校的老师也会在外面举办培训班，一样会分流学英语的学生生源。所以说我只是在特定的时候做出了特定出格的事，受到大家的责难也就在所难免了。

那个时候的实际情况是，我也想在北大校园内办的培训班多授课，多增加点儿收入，但是他们说我们这个培训班现在哪有你教课的地方，因为当时各个培训班都是系主任、系副主任、教授在教课，不可能为我提供足够的课时让我挣钱。所以只能是在月底的时候分那么一点儿可怜的奖金，没有办法，学校里是讲究论资排辈的。我是新留校的老师，只能排在资历深的人身后，那个时候我就觉得不能这样混吃等死，还是应该到外面去看看有什么新的收获。正好，赴美国求学的机会给我提供了一个需要挣钱的理由，就这么一个简单的目的，我就在校外代课挣些外快，结果还被学校发觉并给了一个处分。

1990 年的秋天，北大三角地的高音喇叭连续半个月广播了对我的处分，大意是我打着北大的名义私自办学，严重影响教学秩序等，处分决定是记大过。我根本没有任何思想准备，因为校方在作出处分决定之前并没有和我通气。

我在北大第一次出名也是因为这个处分，当时北大已经有了闭路电视，这个处分在闭路电视上也播放了无数遍，用来警示其他人。对别人起到什么警示效果我不知道，结果是我在北大出名了，走在路上的时候，陌生的学生和老师都能把我认出来，身后常有人指指点点地说："哎，那个人就是电视中看到的被处分的那个俞敏洪。"这个时候，我就感觉到脸面一下子被丢在了地上，任人践踏，这种滋味真的很难用语言形容。

当时那么多的关注，那么多奇怪的眼神，一下子全都摆在我面前。我自己很明白，无论再怎么努力，成绩再怎么优秀，我心里始终会有一道坎迈不过去了。这个处分给我的刺激太大了，所有物质上的缺失我都可以经过自己的努力奋斗来弥补，但心理上的障碍更难克服，我在北大待得不那么舒心，就想到了辞职。

成功是靠改变人生固有模式取得的

从时间上来看，每个人都有不同的人生阶段，每个人生阶段所要做的事情都不一样；从空间上来看，身处不同的位置和环境，给自己设的成长路径也会有所改变。一般来说，做了北大的老师，实际上在全国来说也是最神气的老师了，这个工作是很好的，也是很让外人羡慕的。大多数人在这个时候都会把自己的成长路径设置为教师，然后朝着副教授、教授、硕导、博导发展，出更多的书，成为交换访问学者，成为知名的教授。这种成长路径是在大学校园里准备做学问的人必经的一条路。我没有按这个路走而是想离开北大，有三方面的原因。

第一个原因，我做了北大的老师，并且在北大做了近7年的老师，就觉得既然做过了，就永远都是北大的老师了。即使我离开北大，"北大老师"的这个称号还是有的，到外面去，我跟任何一个大学的老师比，原则上我都不会产生自卑心理了。因为我在北大教过7年的学生，从一年级教到四年级，说明我在教学水平上已经可以比较自信了。我们到了这个位置再看这个位置，有的时候会觉得这个位置很好，但是，既然已经做过了，也就可以了。

第二个原因，我总是有自卑心理，我不善于和人打交道。我在学校里和同事的关系也搞得不好，和同事之间的工作感情也不怎么深厚，这些都是我在北大继续发展不得不面对的困难。只会埋头教书，是不会得到领导赏识的。尤其是这个处分的背后，实际上是我得罪了整个英语系，如果我还在北大，就必须要每天面对他们。

第三个原因，经济回报上的巨大反差。如果说没有到外面去代课这一经历，我肯定就安心留在北大教书了，因为我不知道到外面去代课的甜头是怎样的。实际上当我偷偷地尝了一下到外面代课的甜头后，发现我居然能用 1 个月的时间挣出在北大 10 个月的工资来，心里可就不安分了。尽管我天性不算是太冒险的人，但是我不太喜欢按部就班、"三点一线"的生活。北大其实已经给了我很大的自由空间了，一个星期上课 8 小时，没课的时候都是自由时间，这种生活就是挺安逸的。按着这条路走下去，也是一个非常安定的生活，但是，我就觉得这些生活好像不太符合我的个性。所以那个时候出去代课，被北大处分，再一想自己还能单干，那最后的决策很容易就向离开北大的方向倾斜了。经济上的高回报给我离开北大提供了最大的动力和诱惑。

其实很多时候，我们都习惯于把自己的思维限定在狭小的空间里，按照大家普遍接受的惯性思维去思考，走别人走过的路，做别人做过的事情。要知道，许多时候我们的成功是靠改变人生固有模式获取的。所以说，我适当地改变了一下，结果就有了现在的新东方。

说到底，在北大当老师接近 7 年的时间还是给了我很多自信的，我渐渐克服了自卑的心理，否则我后来也做不了新东方。离开北大出来教书的时候我发现，带着北京大学孕育出来的那种气质，学生都很服气，即使我就招一个班，我一个人讲课也能活下去。

放弃意味着重生

我办新东方最开始两年的目的都是出国，当时就想着赚个一两百万的钱就去美国读书，这种想法一直持续到 1995 年。我离开北大最初的目的是多增加些收入，这些增加的收入对我来说是有重要用途的。当时我正在申请美国的大学，这也是我那个时期最大的梦想。申请美国的大学就要交申请费、邮寄费等，这些费用在今天看来很正常，但是在那个年代其实是蛮高的。

那个时候我的工资完全不能满足我去美国的各种费用，必须额外准备一笔资金才行。当时美国一所大学的申请费大概是 30 到 50 美元，这个 30 到 50 美元就相当于我一个月的工资。在 1990 年以前中国学生申请美国学校都是免申请费的，他们知道中国来的学生没钱，允许免交申请费。但是从 1991 年开始，申请的人越来越多，美国就不再免申请费了。我考虑到如果一切顺利，去美国的其他费用会更多，就有了在国内多积攒些钱的想法。

我在校外代课并不是为了追逐金钱，金钱也不是满足我心灵的东西。虽然它能为心灵的满足提供多种手段和工具，但在现实生活中，北大的处分让我增加收入的授课行为成为众人眼里的一场闹剧。金钱虽然是一种有用的东西，但是，只有在我和我身边的人都觉得知足的时候，它才会带给我们快乐。否则的话，它除了给本人增加烦恼和别人的妒忌之外，毫无任何积极意义。

本来期盼这个记过处分会很快过去，我可以重新开始平静的生活。虽然我不能放弃在外面的代课收入，却仍旧期待着继续在北大的课堂里面教公共英语，每个星期上 8 小时的课。随着时间的推移，这个处分带来的压力对我来说却一直未能减轻。

为什么呢？因为我受到的这个处分，会一直伴随着我！如果我继续在北大工作，就永远会有压力和不公平。为什么这样说呢？这涉及那个时代我们对分房政策的理解和执行，当时的情况是国家实行房子分配制度以及单位内部审核的晋升机制。在面临这些分配、晋升机制时，学校都会拿我的这个处分来说事。比如说具有同样能力的老师、同一年进北大的老师在一起评选，那我肯定会被排在最后面。我被处分过，被处分过的人是没有资格和学校讲条件的，这是我觉得不应该继续留在北大的最重要的原因。

这个处分会对我在北大的前途影响深远。因为我留在北大，我的成长路径毫无疑问就是从助教到讲师、副教授、教授这个过程；房子从住集体宿舍、单身宿舍，最后分到一室一厅、两室一厅这个过程。这个处分一定会在我最需要肯定的时候带来负面影响，这是我最担心的一个隐忧。

还有我觉得在北大挣的工资确实太少了。如果说北大给了我处分之后，我还是出去代课，那北大的这个处分就失去意义了，就等于不给北大面子。反过来，如果辞职以后再出来代课，等于说北大也有面子了，我也有实惠了。既然我已经不在北大了，我想怎么教就可以怎么教了。我不算是敢冒险的人，这辈子没有真正做过太冒险的事情。我当时是有一个盘算的，在北大一个月拿200块钱，出来后自己干一个月能拿到2000块钱，这么巨大的差距对于一个人的诱惑是非常巨大的。当时唯一有点儿舍不得的就是北大那个8平方米的单身宿舍。当时在中国还没有租房子这一说，所有的房子都是属于公家的，然后单位再分配给个人，个人是绝对不敢对外出租单位分配的房子的。那个时候最大的痛苦就是失去了北大这个8平方米的宿舍，觉得离开北大之后就没有地方住了。辞职的决定在当时是付出了极大的勇气才作出的，真有一种置之死地而后生的感觉。

当时我妈妈刚好在北京，她说，你敢从北大出来，我就自杀。当然了，我真出来了，老太太也不会自杀的。老太太就是不理解，觉得一个农村孩子好不容易进了北大，在全国最高学府当老师，一步一步往上走，前景那么光明，为什么要丢掉"铁饭碗"呢？

如果我当年落榜、留学失败、被北大处罚后都选择安静地过日子，现在我可能就是个农民，也可能是个外语系副教授，我可能和很多人一样过着单位、社会为自己设计的被动生活。还好，经历了北大的处分风波，现实的情况也坚定了我离开的决心，放弃意味着重生，换来的也许是更多的回报。

当时作出离开北大的这个决定对我来说是一次激烈的心理较量。不想让自己在北大的一生都背负这个沉重的思想包袱，不仅每一步都要经受别人的非难和妒忌，还要承受外界的压力。能够放弃做北大教师的虚名，不再患得患失，确实让我感到轻松带来的喜悦，内心安宁带来的动力。

也许是冥冥之中自有天意，这个处分来得不早不晚，对我的辞职反倒是一个特别大的助推。如果没有这个处分，虽然我最终也会辞职，但是离开北大的时间不会这么快。

处分给我带来的冲击很长时间内都不能平息。为了挽回颜面，我不得不离开北大，生活和前途似乎都到了暗无天日的地步。"性格决定命运。"这句话我非常赞同。我骨子里不服输的劲头，恰好磨炼了我的韧性。这些年始终还坚持着自己的信念，不受外界环境影响，可以说是我一直保持着一颗比较坦诚质朴的心吧。正是这些折磨，使我找到了新的机会。尽管留学失败，我却对出国考试和出国流程了如指掌；尽管没有面子在北大待下去，我反而因此对培训行业越来越痴迷。正是这些，帮助我抓住了生命中最大的一次机会：创办北京新东方学校。

那段时间，我权衡再三，思来想去，还是对成功和志向的渴望最后说服了自己。我毅然决定早日从北大辞职，尽快开创自己的培训事业。如果没有当初这个决定，也就没有了现在的新东方。现在回想一下，自己选择的路，无论对自己还是对社会都是很有价值的。然而，当时痛下决心的时候，心里的不安和期盼总是不时地在我心里激烈交锋着。

为人朴实成就了我和我的事业

我现在的很多习惯包括跟朋友大碗喝酒，大块吃肉，其实是小时候在农村长期生活沿袭下来的。但是，我身上那种喝酒、吃饭时候的豪爽劲儿确实是蛮难得的。比如说在企业家人群里面大家都知道的，朱新礼是能喝酒的，王玉锁也是能喝酒的，最后就剩下我了。我们一桌子在那儿吃饭，就我们几个人拿的是白酒，其他人拿的都是红酒。拿红酒的还慢慢喝，我们几个人拿着白酒，都是一杯一杯地倒进嘴里。为什么呢？王玉锁和朱新礼也是从农村出来的，他们刚开始觉得我不是同类，一个做培训学校的知识分子怎么可能跟他们一样喝酒呢。接触过两次，一起喝过酒后，我们就成了分不开的酒友了。现在老朱只要是有喝酒的场合就给我打电话，喊我过去喝酒。

这就是农村出来的那种感觉，农民跟农民一见面那个感觉就出现了，真的，这个东西还是蛮重要的。你会发现，在一些比较重要岗位上的领导干部，还有大学校长，居然有一半以上都是从农村出来的。我跟他们打交道就明显地感觉到比跟城市出身的人打交道要容易得多，而且是容易得非常多。那个感觉就是一见面就是大家都很土，大家都是从土地方出来的，亲近感就会增加一点儿，然后再说什么事儿办什么事儿就容易很多。

当时我招聘了几个下岗工人来帮我管理后勤，还聘用了几个老师。因为我从星期一到星期五的白天都是没课的，所有的课都集中在晚上和周末，平时我就带着他们玩儿，经常请他们吃饭。曾经有一段时间，我老婆每天晚上都在家里炖一只鸡，下课了大家全都去吃，吃完了就聊天、打牌，直到晚上 12 点才散，我再开始备课。

这些在新东方工作的首批职员，从 1993 年到 2003 年，差不多待了 10 年吧。当时新东方进行股份化建设，这些老太太都拿到了大概是 5 万到 8 万的新东方股份，等到新东方上市以后她们全变成了百万富翁。一个下岗工人，在新东方干了 10 年，结果变成百万富翁了，也是很开心的事情。这些已经退休的老太太现在每年都过来看我，有的已经 70 岁了。

我这种平易近人、不张扬的性格也给我带来了许多机会，我的这些人际交往经验基本源于小时候农村生活的历练。农民繁重的劳作、淳朴的作风，让我体会到生活的艰辛和生命的厚重。父亲的言传身教让我知道怎样面对困难和挑战，少了些急功近利。既不像一般人在遇到困难时退缩，也不在得意时张扬，我就是依靠着朴实的为人处世风格，渐渐赢得了身边人的大力支持，成就了我，也成就了新东方。

父母的言传身教影响了我的一生

父亲做的一件事情到今天还让我记忆犹新。父亲是个木工，常帮别人建房子，每次建完房子，他都会把别人废弃不要的碎砖乱瓦捡回来，或一块两块，或三块五块。有时候在路上走，看见路边有砖头或石块儿，他也会捡起来放在篮子里带回家。久而久之，我家院子里多出了一个乱七八糟的砖头碎瓦堆。我搞不清这一堆东西的用处，只觉得本来就小的院子被父亲弄得没有了落脚之处。

直到有一天，我父亲在院子一角的小空地上开始左右测量，开沟挖槽，和泥砌墙，用那堆碎砖左拼右凑，一间四四方方、干净漂亮的小房子拔地而起，和院子形成了一个和谐的整体。父亲把原来养在露天到处乱跑的猪和羊赶进小房子，再把院子打扫干净，我家就有了一个全村人都羡慕的院子。

当时我只是觉得父亲很了不起，一个人就盖了一间房子。等到长大以后，才逐渐发现父亲做的这件事给我带来的深刻影响。从一块砖头到一堆砖头，最后变成一间小房子，父亲向我阐释了做成一件事情的全部奥秘。一块砖没有什么用，一堆砖也没有什么用，如果心中没有一个造房子的梦想，拥有天下所有的砖头也没什么用。但如果只有造房子的梦想，而没有砖头，梦想也没法实现。当时我家穷得几乎连吃饭都成问题，自然没有钱去买砖，但我父亲没有放弃，日复一日捡砖头碎瓦，终于有一天有了足够的砖头来造心中的房子。

也正是父亲言传身教带给我的这种生活态度不断地激励着我，父亲的一生给予我的启发是深刻的。我从寻找栖身之地开始了艰难的创业。

我从北大出来后辗转了几次，最终还是搬到农村去了。因为当时只有农民的房子是自己的，可以自行决定房子的用途。我搬到北京一个叫六郎庄的地方，搬到了一个农民的家里。当时为了省钱，找了几户农民，都因为一个月 20 到 50 块钱的房租不得不放弃。最后找到一家农民，他们家有一个小房子，十几平方米的小房子，是空着的。他有一个儿子在上小学二年级，后来我们就说，我们来辅导你的孩子吧，保证你们的孩子考到班里前 10 名，果然，一拍即合。这样的话，房子就免费了，我们夫妇住了进来，房东孩子的成绩也提到了班里前 5 名，皆大欢喜。当时我老婆还在中央音乐学院上班，所以我老婆下班回来就辅导这个孩子，我就背着书包出去教书。

我天生有一点点商业头脑，这点儿本事也有点家传吧。这么说吧，20 世纪 80 年代的时候，中国是很高看万元户的，其实我妈就是我们那个公社里面最早的万元户之一。老太太也不认字，她发现这个形势变宽松了，就联系了几个机电厂的人，帮着做矽钢片，矽钢片就是做变压器的那个东西。我妈在家里买了一台小机器，冲压那个矽钢片，再卖给机电厂。老太太人缘儿很好，慢慢地就有钱了。当时万元户是很厉害的，一个公社也没有一两个。我在上大学以后没向我老妈要过钱，我知道她那个时候已经变成万元户了。从北大出来我也没想过向我妈要钱，尽管我知道老太太手里还有一点儿钱，但我觉得这很不应该。

两年后，我们又搬到中国科学院，与另一家夫妇合租一个公寓。结果合租房子的女主人经常河东狮吼，总是强迫我们和她吵架，最后我只好又搬家了。离开北大后，短短两年左右，我走马灯似的换了四五次居住的地方，直到1993年底买下一处破陋的农家院落，才算是安顿下来了。

我从1991年起已经用"东方大学外语培训部"这个名义开始招生了，而且已经有收入了。我除了把一部分钱支付给东方大学外，其他所有的费用都是我自己承担的。房子自己租，广告自己贴，教室自己租，老师工资自己出，还好，最后还能有一些剩余吧！

就在这个时候，我父亲的身体状况不大好了，他是在1991年去世的。去世的时候我在北京，家里打电话告诉我"老头子脑出血，半小时就过去了"。我就把家里的、银行的存款统统提出来，总共是7000块人民币。我拿着这7000块人民币就回家了，给老父亲办了一个比较隆重的丧礼。很遗憾父亲去世得太早，我也没能尽孝，连给父亲买瓶酒的机会都没有，每次想到这，我心情都是很沉重的。

在我的记忆里，父亲从来没有打过我。他对所有的人都很宽厚，尽管他力气很大，但从来不和别人吵架、斤斤计较，总是喝着酒悠闲地过自己的日子。后来我读了大学，每年暑假一回去，他就会下河摸出一筐鱼虾，然后我们爷俩儿就坐在屋檐下，一边喝酒一边闲聊。我工作后领到工资的第一件事，就是假期的时候买一瓶酒给他带回去，让他高兴了好几个月，可惜我现在忘了买的是什么牌子的酒了。父亲去世那天还喝着酒，突然就脑出血了，送到医院已经不行了。那时候我在北京，听到消息后连夜往回赶，但还是没赶上，回家只见到了安静地躺在灵床上的父亲。母亲告诉我，父亲在去世前嘴里一直喊着我名字的第一个字，直到去世。第二天下起了大雪，我哭了整整一天。这是我记忆中哭得时间最长的一次，直哭到嗓子完全讲不出话来。

我的父亲喜欢喝酒。酒在我的生命中，也扮演着一个重要的角色。我唯一的长处就是有一点儿酒量，因为我父亲是个爱喝酒的人，从小就培养我喝酒，因此，我练就了超高的酒量。家乡的酒已经是我童年、青年时期的一种记忆了。

记得我四五岁的时候，人还很小，个子也不高，我就开始陪着父亲一起喝酒了。因为南方人有喝早酒的习惯，早上天刚蒙蒙亮，三四点钟或者四五点钟就可以起来喝上几杯。尤其是冬天，很多人家都到早市上买米酒，回到家一碗一碗地喝。喝酒都很豪爽，所以直到现在我喝酒的时候，还是总觉得大碗喝酒才是真正喝酒，用小酒杯喝就没了那种爽快的感觉了。

有的时候我父亲会一大早带着我溜达到小街上去。南方的小巷有点儿像周庄的那种感觉，我们那个小镇当时也有一条河，河两边是房子，也有一条青石板的小街。当时有一两家小饭店，都是国营的。——当时的饭店全是国营的，数量也少，不像现在这么方便。父亲去了小饭店之后就会要一碗酒，还会要一个鸡头。如果我陪着他去的话，他就要两碗酒，两个鸡头。然后我就和父亲坐在一起大碗喝酒，吃鸡头。当时年纪小，一个鸡头就够我吃很长时间了，所以直到今天我还是特别喜欢吃鸡头，对鸡头情有独钟。如果现在你给我两三个鸡头，再给我一壶酒，我浑身的幸福感就全部出来了。

生活就这么简单，小时候的记忆非常深刻。在小饭店里父亲一碗酒，我一碗酒，爷俩儿就这么对着喝，喝完了就拉着手回家。当时中国没有小孩不许喝酒的习惯，大多喜欢让孩子喝上几口。

那个时候农村人几乎家家都酿米酒，家家都有酒喝。到了冬天的时候我母亲都会做一件事情，就是她在家里用收上来的糯米酿一缸米酒。酿这缸米酒一个原因是给我父亲喝的，但是还有一个更重要的原因是给我喝的。因为小时候南方是很冷的，屋里也没有暖气，一到冬天屋里冷得跟冰窖似的。不过现在气候变暖了，现在南方零度以下的时候都很少了。我们小时候南方都能看到厚厚的冰、厚厚的雪，当时的天气比现在要冷得多。

家里的棉衣服是不够厚的。我要去上学，从家里走到学校大概要走 20 分钟。那个时候虽然有棉衣穿，但是外面的气温太低了，还是很冷的。当时的棉衣，尽管里面都是棉花，但是很容易冻透。首先棉花不像现在羽绒服这么保暖，其次棉花还要薄一点儿，不能做得太厚，因为太厚了棉花也不够。就那么点儿棉花，一个人的棉衣棉花用多了，别人的棉衣怎么办？还得匀着来，所以穿着这样的棉衣一出门很快就挡不住寒冷了。风很大，穿得又单薄，走在路上就很冷。我母亲就会早早起来给我热一碗米酒，让我喝完米酒再上学，这样心里和身上就会有热乎乎的那种感觉。

我母亲已经想方设法地照顾我和我姐了，这已经是我们村庄上照顾孩子最好的家庭了，但是家里面实在是太贫困了，看看现在挂在我办公室的那张照片就会知道那个时候生活条件是多么艰苦了。那是一座十分破旧的房子，当时家里很穷，穷得连房子倒了都没有钱去修，就是这么一个概念。

我从小就知道生活的艰辛和不容易，需要坚强和付出努力，这种个性其实是来自我的母亲。尽管我妈很爱我，却从来没有宠过我。也许她太能够理解生活的艰难了，所以从小就训练我面对生活的勇气。我从小就在农田里干活，插秧，割稻，撒猪粪，样样都干，从来没有过被娇宠的感觉。我父母下地干活，我就在家炒菜，做饭，洗衣服，到现在我还有自己做饭洗衣服的习惯。每天放学回家，我就忙着割草，喂猪，放羊，一年里家中的几头猪几只羊，是全家能够换点儿钱过年的唯一保证。有一年冬天下了雪，家里没有草喂猪喂羊，我妈让我拎着篮子在野地里，把雪分开，把雪底下的草一棵棵割起来，割了整整一天。这一天成了我童年里最艰苦也是最美好的记忆之一。

在我的记忆中，我母亲也几乎没有打过我。她根本不需要打我，只要看我两眼，我就知道自己必须加倍努力，否则后果会很严重。所以我的勤奋很大程度上是被我妈逼出来的，如果没有我妈，我肯定到不了今天这样。我妈唯一打我的一次是因为一双凉鞋。农村孩子从小赤脚，很少穿鞋。大概在我 8 岁的时候，我妈用她攒了很久的几块钱，一狠心给我买了一双崭新的凉鞋。我穿上后那个高兴，一路跑向小朋友们炫耀，然后就和他们一起到一条河里游泳，游完泳就赤着脚回家了。我就忘了凉鞋的事，回家后我妈一眼就看到没有凉鞋了，马上和我一起去河边找，哪里还有凉鞋的影子。我妈那个气啊，把我一顿臭打，把一根竹竿都打断了。刚打完，别人就把捡到的凉鞋送来了。晚上我疼得屁股都坐不下去，我妈又抱着我哭了一夜。

我后来能够上大学，成为老师，也是因为我妈。从小就听我妈说在农村一辈子太苦了，如果能够当个先生最好。先生在农村人的嘴里就是老师的意思，所以我从小被我妈念叨得对老师充满了憧憬，因此不管怎样被老师折腾，都认为这是一个崇高的职业。还好我从小就喜欢读书，尽管上学成绩不好，但不厌学。等到高中毕业时的 1978 年，中国迎来了全国第二次高考统考，结果我根本就不可能考上，英语才考了 33 分。回到农村种地，我死心了我妈不死心，她听说家乡的一所初中缺英语老师，就去校长家，说我高考考的就是英语，英语水平很好，可以当学校的代课老师。那一年我 16 岁，英语勉强能够背完 26 个字母，哪里能够教学生？但农村的初一，似乎怎么教都行，学生还很喜欢我。从那时开始，我决定第二次参加高考，结果又落榜了。我决定考第三次，也是我妈起了重要作用。我本来都打算放弃高考了，但我妈听说县政府正在办一个外语高考补习班，就拼命在城里请人帮忙让我进去。她一个农村妇女，在城里哪有什么关系啊，可她硬是找到了补习班的班主任老师，把老师感动得不得不收下了我。从城里回来的那天晚上，下着大暴雨，我妈回家的路上，摔到沟里好几次。我在家里等着我妈，一看到我妈变成那样，立刻就明白了这一次只有一条路了。

我从父亲那里学到了宽厚，学到了退一步海阔天空的态度；我从母亲那里继承了坚忍不拔、决不放弃的精神。我父母成就了我的个性，我的个性融入了父母的优点，也把他们的个性矛盾地结合到了我一个人身上。今天我做事的风格和为人处世的态度，几乎每一点都能够从我父母身上找到根源。

"和"是人生的境界和智慧

"和"是人生的境界和智慧

我从北大辞职后，首先想到的仍然是曾经的合作伙伴，我还是选择与东方大学合作。东方大学当时是一个没有自己校舍的民办学校，是人民大学几个退休的老教授合伙创办的一所学校。学校也没有太多的实质性业务，只是招收了一些自学考试之类的学生。这等于说在1993年以前我并没有创办新东方学校，而是借用了这所民办大学的名称，叫作"东方大学外语培训部"。

我坦诚地跟他们说"我要跟你们合作"，因为当时我还没有取得办学执照，无法独自招生。我对他们说："我来给你们办一个外语培训部吧。"他们听了我的想法之后，都觉得我这个人挺实在的，想法也十分可行，也很重视我的这个提议。这些老教授也觉得，如果外语培训班办成功，学校也能额外增加些收入，可以弥补学校的开支，对学校的建设也是有利无弊的，因此，我们很快达成合作协议。

合作办学，我对东方大学承诺的是"总收入的25%归学校"。从经营管理的角度来看，我在当时付出的合作回报的比例其实是非常高的。我在这里稍微一算大家就会明白，如果说外语培训部做得好的话，各项成本和费用能够控制在50%—60%，剩下的毛利润也就是40%—50%。我提出总收入的25%归学校，基本上已经把大部分利润分给东方大学了，我的实际利润其实已经很低了。尽管这样，我还是认为这样做非常值得，这种合作就等于是为我的培训班提供了一个合法的身份。

为什么我会这么说？这也和当时的社会环境有很大关系。当时的社会办学机构还比较少，国家也控制得比较严格。如果没有一个合法地位，很难说不被取缔或者受经济处罚。比如，出去贴招生广告，很有可能今天刚贴上，第二天就收到处罚通知，我在北大就经历过这样的事情。

我曾经和北大的另外一个老师合作过一段时间。这个老师找了一所民办学校盖了招生的章。我们认为有了这个合法的手续之后就不会有麻烦了，我和他一起招生，当时的招生点就设在我在北大的宿舍楼的下面。但是北大还是认为我们属于非法经营，我和这位老师的这次合作也就这么结束了。所以，寻找一个合法的挂靠单位合作办外语培训班成为我当时最大的愿望，与东方大学的合作办学是我离开北大后的一个起点，也是我办培训班的一个支点。

我这样做也是为了早日把培训班办起来，有些人做事只图眼前利益，不会为长远打算。眼前可以看到的利益总给人一种实实在在的感觉，但短视心理却常常使人失去本应该能够得到的东西。也许有的人认为自己的行为要注重现实，而实际上是自己将未来的发展和成功的机遇白白浪费掉了。我付出了总收入的25% 给东方大学，自己的利润实际上已经少得可怜，但我突破了一些条条框框的束缚，让我的培训班有了一个合法的身份，怎么说也是一个比较实际、立足长远的决定吧。

到了 1993 年的时候，我有了独立办学的想法。这几位老教授觉得我办事挺稳妥的，而且他们每年都能得到很大一笔钱，大概能分到几万块钱吧，这个数目在当时的确是很大的一个数目。我一流露出要走的意思，这些老教授就舍不得我了。当时我也没

「和」是人生的境界和智慧

有明确表达说我要走，为什么呢？因为我的第一个目标还是赚到足够的钱，换成美元，出去读书。当时人民币跟美元的比价跟今天刚好一样，就是一比六到一比六点几。从 1991 年开始一比六慢慢涨到了一比八、一比九，这两年又重新估值，又往回调。但是当时美国的学费比现在要便宜多了，大概是两万美元就可以读一年，现在差不多要四万美元了，实际上就是美元在贬值，学费在上升。当时我的目标就是赚够十几万人民币，换成两到三万美元，自费出去读书。

我在 1991 年的时候收到了大概 8 个美国大学的录取通知书，但是只有一个大学给了我一个半份奖学金，就是这个学校可以给我提供一万美元，可是我还差一万美元。这样的话，我就要想办法自行筹钱。我就想既然有这么多大学愿意录取我，我明年再申请的话，还是会有这么多大学录取我的，我可以推迟一年再去美国。

所以，我就想干脆再赚一年钱。但是，到了 1992 年，我的培训事业在一定意义上爆发性地增长了。当时还不叫新东方，就叫"东方大学外语培训部"，在北京的学生中间名声已经很大了。因为我的上课风格，还有我培养出来的另外几个老师的上课风格，都是特别地生动、活泼、幽默、励志，熟练得不得了，所以我的名声就出来了。

到了 1992 年，我老婆也从中央音乐学院辞职了，因为我们都发现这个培训事业是可持续发展的。当时我想离开北大时，其实我老婆也是反对的，因为北大的工作毕竟是"铁饭碗"，她也不知道我有没有创业的能力，有没有管理的本事。

我记得当时我开第一个班的时候买了 10 盒磁带，因为没有英文磁带，就没有办法上课。我教的托福课程最重要的一个内容就是听力，我得给学生放录音，然后再给他们讲解。当时买了10 盒磁带，我记得花了 60 元，我老婆从王府井和我一直吵到家里，因为她觉得半个月的工资没有了。她一次次地问我"你买这么多磁带有什么用呢？"直到我开起了第一个培训班把钱收回来了，我老婆才放心了，觉得我的选择或许是对的。

当我跟老婆说我要辞职时，也是在举棋不定之间，当时还尝试着用北大老师的身份到外面去开班，还是用北大老师这个背景的。所以我老婆总觉得有北大这个"铁招牌"放在那儿呢，也应该很有前途，没必要这么放弃，我们反反复复地争论了许多次。

我跟我老婆是先有生涩的恋爱，再有强悍的婚姻，最后才有温柔的家庭。她当时还是中央音乐学院的老师，我是 1991 年从北大出来的，她大概比我晚了一年才从中央音乐学院辞职。

我老婆从音乐学院出来后，就开始管报名、招生、收钱、财务记账等事，因为当时教育局每年都要看一下我这个培训学校的账目。尽管有时记不完整，但是，这个时候一定要有专业的会计了，我老婆就把这些工作承担起来了。

1993 年初，看到我这边干得越来越红火，东方大学的这些老教授就商量说："是不是我们这个东方大学里面应该让小俞来入点股份……他挺能干的，免得他跑了。"这几个老头老太太商量以后，又觉得舍不得了，跟我说："我们还是继续保持原来的合作模式吧。"这个时候，我的心思开始产生了一些变化，我原来是想出国的，现在来看我就得重新衡量了。第一，招收的班级规模在不断扩大；第二，现金收入在不断增多。人是经不起金钱的诱惑的，尤其是在没钱的时候，所以我觉得这个培训事业不能这样放弃。如果我最终还是出国，就用"东方大学外语培训部"的招牌再干一年再走。但是当时就出现这样一个问题：我干得越大，他们分成越多，我做得越没有底气，因为品牌做得越大越不是自己的了，东方大学随时都可以收回。当然这些老头老太太为人都很好，老教授了嘛，他们不会说"小俞，我们要收回来了"。但是我总觉得如果再做下去的话，如果我暂时打算不去美国的话，那么更应该自己创业了，不能再把命运掌握在别人的手里了。

如果他们决定给我东方大学 30% 的股份，我也许就坚持着合作下去了，因为我知道等到他们都退休了，尽管他们持有股份，但是这个学校还是由我来管理的。我看了一下，他们手下没有接班人，所以如果要有接班人的话，唯一的接班人就应该是我。

在 1993 年初的时候，他们最终决定了这个股份不能给我，他们原来是商量着说"干脆东方大学让小俞去接了吧"，但是东方大学毕竟是他们自己创造出来的，他们还是舍不得。

他们商量的最后结果是还照原来的样子做就算了，说这样不就是和平共处、长久合作嘛。我们每年分点儿成，你就是爱怎么干就怎么干，要盖章的时候，我们就给你盖。但是这种合作，到了 1993 年已经不是我想要的模式了，因为我想要更加长久地干下去。当时没有想到要干 18 年，只是想着我再干个三五年还是可以的，但是我每年把总收入的 25% 分给他们，就觉得不合算了。因为他们除了给我盖一个章，别的支持就什么都没有了。盖这个章表明我做这个事情是合法的，那么我就想如果我到教育局去领一个办学执照的话，我本身不也是合法的了吗？合法以后，这 25% 的支出就能省下来了。那个时候我也很心疼这块支出。你要知道，好不容易赚到的钱，结果还被分掉了一部分，感觉是很难受的。但是和东方大学1991年、1992年到1993年，两年半的合作，还是奠定了我管理的基础和办培训班的经验。到1993年的时候，一学年已经有上万学生了，同期也有两三千个学生在培训班学习。

创办新东方刻不容缓，这是我自己的主意。当时我觉得收入增长很快，培训班发展得也很迅速，因此打算把出国的计划先往后推迟一下。当时并没有取消要出国的念头，只是打算推迟一段时间再说，这是我1993年的想法。

再有我觉得要推迟的原因，就是一定要为自己工作了，和东方大学合作，干得再大也是别人的。被人无形中分走这么一大块蛋糕，总觉得太不合算了。就这样，我按照自己的想法开始做独立出来的准备工作了。中关村二小的校长跟我的关系不错，就见了几次面。大概校长觉得我这个人挺好，就租给了我一间小教室。我就在中关村二小这儿弄了一个报名点，就这样我的新东方开始正式走上前台了。当时中关村二小的一个老会计刚好退休了，而且还帮忙联系租教室，这个老会计人很好，他退休以后就来新东方做会计了。

我对东方大学的感情很深厚，因此对东方大学也很难割舍。这有两个原因：第一个，我舍不得"东方"这两个字，但是我不能叫东方学校，否则的话太冒犯东方大学了。但是我觉得一定要把"东方"两个字放进去，才能起到培训办学延续的效果。想了很多名字，比如：神话东方，这个东方，那个东方，但是总觉得不对头，少了一点儿内涵，也体现不出和"东方大学外语培训部"的这种延承关系。就在这个时候，我的一个北大朋友，当时在北京大学一个高科技公司工作，这个公司简称"北高"。这个朋友也从北大辞职了，自己办了个公司，叫新北高。我一看，这个"新"字加得巧妙，有继承、有发展、有新意，我也加一个"新"字不就两全其美了嘛。所以就这样叫成了新东方。1993 年11 月，新东方学校正式成立了。

我要出去独自办学，而且我预先跟东方大学的老教授们打好了招呼，告诉他们我的培训学校叫新东方。他们虽然觉得我离开东方大学很遗憾，也很可惜，但是也知道留不住我了，对新东方这个名字他们也很支持。

我离开之后，他们的这一部分收入就断了，因为我肯定不会再给他们支付管理费了。然而不久就出现了一个新问题，社会上几个办培训机构的人听说"东方大学外语培训部"的俞敏洪离开了，独自去办了一个新东方。当天就有人找东方大学学校的领导洽谈，想把"东方大学外语培训部"转给他们经营，每年上交一定比例的管理费用。东方大学的几个老领导当时就同意要把这个培训项目转让出去，但是还没来得及签合同。

我知道这件事以后，第二天就跑去找这几位老领导。我说，东方大学外语培训部是我创建出来的，原来东方大学是没有外语培训部的；我这几年为你们作了很多贡献，我刚离开，你们就把我辛苦立起来的这个牌子卖给别人，这对我是不公平的。当然我也不能阻拦他们，我提了建议，对方给你们多少钱，我加倍，这个牌子 3 年之内不准转给任何人。东方大学说对方给我们 3 万块钱一年，我就承诺每年给 6 万块，买断"东方大学外语培训部"3年的使用权。我的想法是 3 年以后谁都不会知道"东方大学外语培训部"在哪儿了，因为 3 年以后"东方大学外语培训部"肯定消失得没有一点儿痕迹了。

万事和为贵，几年的社会历练还是磨炼了我的性格。与东方大学的这次洽谈，也为新东方的顺利成长起到了保驾护航的作用。虽然经济上付出了一些，但是我与东方大学的关系更加融洽了。一个人的心中，如果装不下一个"和"字，他的生活就会如同在刀锋上行走一样。"和"不仅是一种雅量和胸怀，更是人生的境界和智慧，与人和气，别人才能与己和气。如果天下一团和气，什么事情办不成呢？若是放任当时的"东方大学外语培训部"转手事宜，或是和东方大学辩个谁是谁非，哪有接下来新东方的快速发展呢？

即使买断了3年的使用权，我还是不用东方大学的牌子做招生宣传，把这个牌子往抽屉里一锁，谁都不去动，3年以后自然就无人问津了。这一点我是想得很清楚的。这不是聪明，做生意的人都会这么想。否则的话，这个牌子被别人拿到，在社会上打招生广告，至少可以混淆人们的视听1到2年。那个时候确实有很多人就是冲着这个牌子报名的，等到报名结束，交了学费，一上课发现不是俞敏洪的课也就晚了，而且也会牵连我这一块儿的招生，声誉也会受到影响。

我创办新东方，一切从零做起，包括扩大生源。好在我当时已经有些群众基础了，在校学生也有2000多名，我就告诉他们，"东方大学外语培训部"从今天开始改成"新东方学校"。大家口耳相传，渐渐就都知道了。

我把这个牌子买断以后，我又继续用了半年的时间，打"新东方学校"招生广告的时候，后面备注括号"原东方大学外语培训部"。这么一来，报名的学生就知道新东方学校也就是原来的东方大学外语培训部，也知道这是俞敏洪的课。等到时机成熟，我就把括号里的备注内容取消了，直接就叫新东方，这个时候新东方已经名满京城了，不再需要借助东方大学的招牌了。

养成持之以恒的习惯

刚开始创业时，招生面临很多困难。当时我就想必须让学生们知道"东方大学外语培训部"是我办的，但是那个时候并没有新东方现在的声誉，怎么才能让更多的学生接受我，认可我的培训班呢？如果学生们能来听我的课，我是十分有把握让他们认为我是不错的，而且会喜欢上我的讲课。怎么让人知道呢？想来想去，我就开始四处贴广告，但是这些广告的效果不大好。

我基本上是上午和晚上出去贴广告，下午都在中关村二小传达室门外的小桌子边守着，跟学生们说得口干舌燥，有时候需要从早晨讲解到晚上，效果却十分差。看到一天的努力换来的成绩异常少，我心里有一点儿觉得委屈，但是那个时候我确实没有退路了。

我那个时候的想法是：第一，我有丰富的教学经验，可以自谋生路；第二，我肯定不会再为别的学校教书了，因为无论在哪个学校教书，都要受他们管理，还是一样的不自由；第三，我要为自己教书，自己管理自己，这样我就得有自己的学生。

所以我就会琢磨，有时候心里就很委屈，还会回想起在北大的日子，有的时候也有点儿后悔的感觉。也许大家就奇怪了，这是为什么呢？有什么后悔的呢？

我一说大家就明白了，如果我没辞职，还是在北大教书，那么在北大该多舒服呀。有上级组织，有领导，有自己的办公桌，还有一个 8 平方米的宿舍，尽管小点儿，但是跟老婆住在一起，这 8 平方米的房子也感觉挺温馨的。吃完晚饭在未名湖边散散步，约几个老同学在楼房下面打打羽毛球，跑跑步，晚上看看小说，偶尔还能聚在一起喝点儿酒。课基本上是不用备的，因为上过一学期之后，第二学期教的都是一样的内容，连着这么几年下来，已经驾轻就熟了。

所以，有的时候就很怀念在北大的那段日子，不过我知道后悔也没用了，也知道我那个时候是没有退路了，因为我退一步的局面就会更加糟糕。我已经到了退无可退的地步了，身后已经是万丈悬崖了，自从我离开北大的那一天起，就没有什么退路了。

因为我是不可能再退到北大的，既然退不回北大，又干不出名堂，北大的人肯定就会笑着说，你看，我们就知道俞敏洪出去也干不成事儿的。我相信他们一定会这样说的，因为我本身就是跟北大闹别扭才出来的。如果说我再被他们扣上一个穷困潦倒的帽子，说俞敏洪离开北大就彻底没戏了，注定是干不成事业的，给别人留下这样的印象我就觉得更没面子了。因此，我骨子里不服输的性格还是占了上风，尽管有些低调得不愿意见到熟人，我还是努力地做着自己必须完成的事情。

那个时候我最怕见到北大的同学和北大的老师。我到北大去贴广告都是半夜偷偷地进去贴，心里还是有些不想被他们看见。想到他们衣着光鲜，夹着完备的上课资料，走在北大的校园或者教室里面，一副踌躇满志的样子，我就退避三舍，敬而远之。我是从北大辞职出来的，事情还没有做成，还没有底气，再回到北大就很害怕被熟悉的人看到我来贴广告的样子。

这种害怕的心理大概到了 1993 年底、1994 年初的时候就没有了。每天都进步一点点，我重复着这些简单的刷刷贴贴的工作，认认真真地做完每天都必须做的工作，不断地充实着自己，我想总有一天会接近自己的期望的。

当时我的希望就是坚持，坚持 100 次可能都是失败，但是也许坚持到第 101 次就成功了。像我这样的人就要养成持之以恒的习惯，死不买账。我不信坚持下去明天就没有结果，慢慢坚持下去，就会发现自己变了，变得有耐心了，变得更加沉稳了。

有一次我突发奇想，自己能不能来一次免费讲座，让学生听听我的课，兴许会有点儿作用。于是我就开始准备给学生作一场免费讲座。在那之前，我其实没有对太多的学生作过讲座，而且我也不是一个演讲家。但是我相信，凭借我对托福教学的精深理解，那些想要参加托福考试的人一定会来听听看的，因为是免费的嘛。

那些免费的小广告完全是我自己手写的，写的是毛笔字。我的毛笔字写得很糟糕，但还是有人看了这个广告并且还来了，说明免费听课是挺有吸引力的。

我记得那应该是 1991 年的冬天，那个时候是当年最冷的时段。我去贴广告的时候还穿了一件棉大衣，兜里放着一瓶二锅头，贴两张广告就喝一口二锅头。这一细节我记得特别清楚，一个原因是天气寒冷，另一个原因是给自己壮胆。"酒壮英雄胆"，喝了酒以后就感觉潇洒一点儿了，通天的大道任我走了，而且贴广告的时候我心里是非常快乐的。我骑着破自行车半夜里在这几所大学校园里贴广告，当时我手下还没有员工，只有我自己单枪匹马地冲锋，那个时候我老婆还在中央音乐学院上班，还没有辞职过来帮我干。

后来有一个朋友，他的孩子在我这儿学英语，时间长了我们就变成朋友了。他的孩子有时候来我家里上课，我当时还是有点儿家教色彩的成分。这个朋友当时在中国农业大学开车，是中国农业大学的一个司机。他有一辆自己的车，车的牌子我已经记不起来了，就是那个年代最早的那种小轿车，挺破旧的一辆小轿车。他知道我要出去贴广告后就说："这样吧，你老婆教我孩子英语，我开车送你去贴广告吧。"所以就有了那么几次他开着小轿车，送我到各个校园里去贴广告这样的一个经历。

我先后在北大、清华、人大、北师大贴了一些免费讲座的广告，当时我预计如果能来三四十个同学就是成功，所以就把听课的地点放在了中关村二小的一个能容纳40人的小教室，满怀期待地等着讲课时间的到来。

免费讲座的广告上我还特意标注了"原北京大学老师俞敏洪"的字样。我从北大出来之后，有一段时间我依然沿用了北京大学的名称。我没有任何夸大欺骗的行为，北大也是没有办法过问的，事实上我就是原北京大学的老师嘛。我这是打了一个擦边球，不违反任何游戏规则。虽然我离开了北大，北大的声望还是给了我很多无形的支持。这种支持在我前期创业的过程中还是起到举足轻重的作用的，北大的无形资产实际上已经固化在我的身上了，即使我不想刻意展现，这种底蕴基本上从言谈举止中就表现出来了。

第一次免费讲座是1991年初的时候，到了晚上，听课的学生陆陆续续地到了，人数很快就超过了我的预计。到了晚上6点钟开始讲座，教室内外已经聚集了500多人，这样小的一间教室很明显就不行了。所以我就临时决定转移到这个小教室外面的小操场上。就这样，我在黑暗中给学生们讲了一堂永生难忘的课。

当时我完全没有料到会来这么多人，也没想到那个免费小广告的作用如此之大。因为大家一看是免费的托福讲座，又一看是北大出来的老师讲的，就愿意过来了。那次来了500多人之后，我就发现免费讲座是招揽学生的一个好办法。因为是免费讲座，学生都愿意来听，听我讲了2个小时他们就知道这个俞敏洪老师讲课的水平还是不错的，所以再招生的时候，说服学生就相对比较容易了。

但是我还是接着办了一个免费的班，为什么呢？因为500多个学员来听我讲，我当场就收报名费，学生一般都不会报的，说不定还会把他们吓跑。所以我就说，我来开一个免费的班，这个班一共40次课，前面20次课是全免费的，后面的20次课是要收费的。当你们听完前面的20次课后，如果你们不想交费，就可以随时从这个班离开，后面的20次课就不能接着听了。但是我跟他们说，我一定会把最精华的内容在前面20次课讲完。结果来了应该有80人吧，后来等到课时过半再收费的时候才走了2个人，其余78个人都留下来了。

免费讲座的招生方式算是成功了，这个是我自己设计的模式。没有人给我出主意，就是我躺在床上琢磨出来的方法。当时头脑中还想过，就是这七八十个人还不足以传播我的名气，必须另找其他办法扩大招生。

我的免费讲座没有什么神奇之处，我只是更加理解学生，知道学生想听什么，并且以恰当的方式把知识传授给学生。其实所有的动力都来自学生，只有学生自己想学，才能够真正学好，所以我就要调动学生的学习积极性。大学校园里的传统教学讲究照本宣科，我教学喜欢旁征博引；中国的传统教学以老师为中心，而我的讲座是以学生为中心。讲座不说废话，而且内容丰富，切合主题，还非常有幽默感，这都是学生们喜欢听我讲座的原因。

免费讲座吸引了大量的青年人来听课，虽然是免费授课，我讲的内容可都是实打实的，让学生们听得过瘾，听得解渴。这一标新立异的宣传方法很快取得实效，大量慕名而来的学生迅速坐满了我的教室。从这个时候起，我的宣传才算有了坚实的依托，前景也开始光明了起来。

在北京图书馆的免费讲座是我难以忘怀的一次经历。1993年12月，我租了能容纳1200人的北京图书馆的报告厅进行免费讲座。那么冷的天儿我穿着大衣都觉得冷，我想最多也就能来几百人吧，没想到一下子来了4000人。4000人只能进来1200人，北京图书馆就把门关上了。进不去的学生就很愤怒，在外面又推门又砸玻璃，结果把整个紫竹院地区的几十个警察全部给招过来了。警察弄过来站成一排，学生根本就不买账，把警察推开继续推大门。

我想亲自出去平息学生们的怨气，警察说你出来学生就把你撕碎了。我没有听警察的劝阻，礼堂里面的学生由其他的同事代讲，我自己还是走出了大门，站在一个大垃圾桶上给学生们讲起来。当时我的衣服全部脱在礼堂里面了，只是穿了一件衬衫。我一挥手，我说大家不要闹了，我就是俞敏洪。这时，所有的学生就安静下来了，我在外面讲了一个半小时。本来很多学生都愤怒地看着我，讲着讲着学生就很开心很高兴。有的学生把他们身上的大衣脱下来给我穿。讲完了以后，派出所二话没说就把我带走了，罪名是"扰乱公共秩序"。

我只要在北大、清华举办免费讲座，来听讲座的人就能把听课的礼堂挤得爆满。因为当时考托福的都是各个学校的大学生，只在北大、清华校园的第一圈广告就吸引 1000 多人来听讲座。北大和清华的学生文化底蕴非常好，学习风气也好，因此，每次在这两个学校举办免费讲座都能为新东方带来大批的生源。

新东方的成功和我设计的免费讲座有关。前期创业的时候，因为招生和宣传的需要，经常举办一些免费的讲座，这些免费讲座就变成了我最大的撒手铜。

我是靠"一把刷子"起家的

免费讲座比贴广告的效果要好得多，宣传和吸引学生的办法我是找到了，当时还有个难题——报名难，我也是想了一个办法解决的。与东方大学合作办学后，我用"东方大学外语培训部"的名义开始办班，就面临询问的人多，报名的人极少的情况。我当时租了中关村二小的一个传达室，但是二小不允许我在传达室里面招生，只让我搬一套小学生的桌椅，坐到传达室的门口招生。这样的招生方式就非常有难度，来报名的人就会想，我白天把钱交给你了，你晚上逃走了怎么办？就是说学生来报班儿的时候，一看我坐在那个破旧的传达室外，心里面就开始打退堂鼓。连个基本的办公室都没有，就占用了一个小学传达室门前的一小片空地，怎么可能放心地把钱交给我嘛。大概他们会心里犯嘀咕，这是不是皮包公司啊，要不怎么这么寒酸呢？

后来中关村二小又给了我一个漏雨的破房子做办公室，其实就是一个铁皮的破房子，一看就不是正规的办公室，还是没起到让别人信服的作用。当时我的竞争对手，有好几个已经在宽敞明亮的楼房里办公了，教学硬件设施很完备。北大的培训班就更加气派了，在那种古色古香的房子里招生，一看就有实力，有水平，只要是去报名的人，几乎没有不被打动并留下的。

这还不如我以前在北大校园里面办班儿，在北大校园里大家交钱都很爽快。因为一看是在北大里面的，肯定跑不掉，跑掉了还有北大呢，毕竟大家对北大的名声和威望还是无比信赖的。

我到了外面招生，还用了一个大家从来没有听说过的名字，谁知道"东方大学外语培训部"是干什么的，所以就出现过招生难的情况。一上午好不容易来了三个学生，用了半个小时终于被我说服了，登了记把钱留下来，三个学生就走了。钱在我的口袋里还没捂热，15分钟后，其中的两个学生返回来又把钱给拿走了。

最初办学的时候出现过这样的情况也算是正常现象，我也很理解学生当时的想法。来我这报名的学生心里想的基本都一样，他们常常看看我的这个班报了几个人了，一看登记表上一个人都没报，其他的人就都不敢报了。或者他们一看才报了两三个人，其他的学生就都举棋不定了，也不敢报名了。最后我就总结出经验，前面报名的10个人是最关键、最重要的，也是最不易达到的人数，真是一个很难过的关口。如果报满了10个人，有了前面的示范作用和引领作用，再往后的10个人报名就会容易得多。如果这个班报满了30个人，那基本上后来的人就不问了，来了就交钱，生怕名额满了，报不上名。因为我拿的登记本嘛，一看登记本发现前面已经有30个人的名字，他们就知道已经有30个人交钱了，那么他们就知道，即使上当了也有前面的 30 个人垫底，心里就平衡了。

人们很多时候都有这种从众心理，觉得那么多人都选择了报名并交了费用，自己跟着选择也不会错。因为自己的眼光和判断力可能差点儿，但是大家的眼光都这么看，就一定错不了。这也是大多数人的典型思维方式吧，"随大流儿""从众"的心理。就像我们在超市里看到很多人排队购买的东西就认为一定是最好的东西，受冷落的东西一定是不好的东西。最近我在看一本书叫作《怪诞行为学》，基本上就是分析这样的心理，解析这样的心理状态。

既然报名的关键是先搞定前面的 10 个人，那么我一想，为什么不在每一个班的报名手册登记本上把前面 30 个名字自行填满了呢？这只是一种心理策略，看看能不能改变招生困难的处境。

我这么做的前提条件是，我并不是要把学生的钱拿到手以后我就溜了，而是想通过这个办法吸引学生走进我的课堂。如果我拿完钱就溜了，那就是欺骗以及弄虚作假行为，我是不会这么做的。

实际上我当时冥冥之中掌握了大众心理学的一个方面，就是消费心理学。如果报名的学生仔细看登记表的话，什么"宋江""李逵"的名字全在上面，不过没有哪个学生细看，都是很痛快地报名交费了。

我的听课号有一段时间都是从 31 号开始发的，前面 1 到 30 号都是空号，是没有哪个实际的人相对应的。其实也没有人发现这个秘密，我编了 30 个人的名字，编上 1 到 30 个学号，然后往登记手册上登记。第一个报名的学生一来就看到自己已经排在第 31 号了，前面已经有 30 人报名了，觉得选新东方的人这么多，肯定错不了的，就不再犹豫不决了。

后来有人做营销分析的时候，说俞老师你这是典型的欺骗行为。我认为不是。欺骗行为等于说是我拿了学生的钱但不提供承诺给他的服务，既然我是提供了答应他的服务，并且我还可以使招生相对方便，这个就是一个营销技巧而不是一个欺骗行为。当然每个人都会为自己找开脱的理由，事实上后来新东方的出国考试项目慢慢就做大了。

这个办法很好用，我一下子就抓住了解决问题的关键所在，剩下的事情都迎刃而解了，让学生痛快报名的难题一下子变得简单起来。我看过一个著名的饭店老板的创业故事。我读了他的故事，发现我们的起步还是有共同点的。他是怎么样开始经营的呢?

刚开饭店的时候，这个老板知道自己做的菜很好吃，但就是顾客太少了，没有知名度，于是他就请了邻居和他的朋友来帮忙。帮忙的人不是在饭店里白吃白喝，真正白吃的没几个，即使在饭店里吃喝的人也都是假吃，就是说给他做一道菜能坐在饭店假装吃一天那种装装样子的。他的那些邻居和朋友们，从饭店门口排着队等着进饭店用餐，进去绕一圈就从后门出去，然后又绕到饭店前面来排队。结果路过的人就发现这个饭店怎么那么多人排队呀? 是不是味道太好了才吸引这么多的顾客登门啊? 于是就真的有人去排队吃饭去了。饭店很快就吸引了大家的注意，慢慢地名气就有了，饭店的生意红火起来了。这就是一个扩大宣传的策略而已。

这就是我理解的消费心理学，我当时就是用的这个方法，超级管用。完全不用费口舌，询问的人和免费讲座吸引来的人看一眼登记表立刻就报名了。以前每来一个人我至少都得跟他讲半个小时或者一个小时，跟他讲到他对我这个老师很服气了，他才会报名。然而现在这种情况很少出现了，我几乎就是坐在那里等着大家争先恐后地报名交费了。

等到后来，基本上就是半年以后，假登记表就不再需要了，变成了学生想报名听课却报不上名。老师有限，场地有限，一个班的名额就成了抢手货了，而且最初的时候我也只能设一到两个班。比如说是选择一个 200 人的教室，我不可能无限地招学生，其实最多的时候我 200 人的教室招到了 300 人，那么后面 100 人就是没座位的。当时就买了好多小椅子，教室的每一个过道里都摆得满满的，现在看这样的教室完全不符合消防标准，好在当时也没有人查消防问题。

当时租的教室大多是属于北大的，还有其他的一些房子，不用我们自己管理。学生对托福考试的需求很大，我的生源问题又解决了，培训班很快就达到了一定的规模和数量，基本上新东方就是这么做起来的。

这期间的教学条件是非常艰苦的。有一次我扁桃体化脓，导致高烧不退，夏天接近 40℃ 的天气居然冷得浑身哆嗦，但是我的课没有任何人可以代替，于是我穿着军大衣，披上棉被，哆哆嗦嗦上完了 5 个小时的课。还有我女儿出生那天，医生说预计出生时间是晚上 9 点，可是我晚上 6 点半到 9 点半有课，我一咬牙，把老婆扔在医院就走进了课堂。等我上完课后冲回医院，我女儿已经睁开眼睛，开始打量这个陌生的世界了。20 世纪 90 年代的北京，没有任何预告就停电几乎成了家常便饭，有时课刚上几分钟教室就一片漆黑。学生辛辛苦苦挤公共汽车来到教室，再让他们回去，于心不忍。我给每个学生发一根蜡烛，停电后一起点燃，几百根蜡烛在阶梯教室里闪烁着光芒，我就在烛光下声嘶力竭地讲课。这个场景很多新东方当年的学生都提到过，确实是很震撼人心的。

最初招生的时候，培训费都是自己定的，可高可低。物价局对于民营的学校基本不设限，只要觉得收费不过分就放过去了。但收费标准还是要报物价局的，这是国家管控的，必须有报物价局核准的程序。每年我都要去物价局盖个章，新东方的收费标准都是我亲自定的。

但是最初招生的时候，也就是在1991年我用"东方大学外语培训部"名义办学的时候，招生的学费比社会其他民办培训班要低一半。别的学校一个学生收200元，我就收100元，别的学校收320元，我收160元，所以我的培训班人数反而涨得最快。

大家认可我的第一个原因就是我的教学水平确实还可以，在学生中的口碑不错。第二个原因就是价钱便宜，钱花得少，学到的知识并不比其他学校少，所以人数就暴涨。等到报名人数不断增长的时候，我收学生的费用其实也可以水涨船高，也可以按照普遍的行情重新定价了。但我心里明白新东方要想长远发展就必须保持低价策略，因为我刚开始办学，价格太高肯定吸引不到人，但是我也知道，只靠低价格也是吸引不了人的，必须有招生的一些策略和实际教学成果。

就这样，我用"免费讲座"和"假登记表"这两个办法就把招生和报名的问题都解决了。实际上到处贴广告还是起了一定作用的，有人说"新东方靠一把刷子起家"也是可以的，因为新东方在创业的过程中，贴出去的广告基本可以用"海量"来形容。

警察给我撑腰是我用半条命换来的

到 1993 年底的时候，我已经招聘了一些员工，学校的规模也壮大了。我就不用亲自去贴广告了，更不用亲自到北大贴广告了。这个时候我就专门雇了几个员工在这儿贴广告，实际上这几个员工早在 1992 年就开始贴广告了。

我看到他们在广告柱上刷上糨糊，把广告贴上后，心里就觉得可以看到希望了。寒冬腊月确实很冷，但一想到广告后面学生的出现，就可以想象到学校慢慢做起来，所以那个时候是抱着极大的希望四处贴广告的。

1992 年这几个员工贴广告的时候，"东方大学外语培训部"已经比较红火了，知名度也有了，每一期开课人数都是满满的。这样一来，我周围的几家培训机构就感到了超大的压力，他们就不好招生了。这几家培训机构还不是有文化的人办的，都是社会上的一些人办的。比如说下岗职工，一些有赚钱眼光的个体户什么的，他们几个人聚在一起，租个条件好一些的教室，招聘几个教师就开设了培训机构。他们一看自己的学生人数在不断减少，而我这儿的学生人数在增加，就有些沉不住气了。他们就想尽一切办法抢生源，最直接的冲突就是大家相互间打起了广告战。

广告战是什么概念呢？比如说我把广告贴在广告柱上，当时北京有那种圆筒形的广告柱。我雇的人在广告柱上贴一圈广告，贴完后离开不到 15 分钟就被别人的广告完全盖住了。没办法就只有再去贴上一圈广告，把他们的广告再盖住，再过 15 分钟他们又过来把我的广告盖住。就这样反反复复地纠缠了起来，谁也没能压过谁。

那最后的结果就是形成暴力冲突了。冲突的结果，那边的人比我这边的人更加狠，拿出刀子就捅了我雇的员工三刀。事情发生之后我一边把我的员工送到医院，同时把这件事情告到公安局。结果报案了一个星期之后，公安局一点儿动静都没有。我再去问的时候公安局的人就说，我们现在连重大的刑事案、杀人案都处理不过来，你这打架斗殴的事情只算小事儿，我们现在没这个精力办这个案子，先往后放一放，你回去等消息吧。

当我再进一步深入了解以后，才发现对方已经跟公安局的人吃过饭，打过招呼了。实际上，公安局的人就把这个事情给压下来了。这个事情是不能这样拖下去的，可是我和公安系统的人一个都不认识。为了早日解决这个事情，我只能用最笨的办法，就是跑到公安局的门口去，到北大刑警大队的门口待着去。我在那待着，看哪个警察能够跟他说上话就聊上几句，最后就认识了一个长得挺慈祥的中年警察。我就把他叫到一边儿，我说我有点事儿要跟你说。他说，你什么事儿啊？我说我以前是北大的老师，现在自己出来办了一个小小的培训学校，其实没什么大事儿，就是想认识认识你们，咱们到对面小酒馆里去喝点儿酒行不行？

刚开始的时候不能说有事相求啊，我一说他肯定就不会去喝酒了，这点儿常识我还是有的。那个时候我在北京没有任何社会关系，但是我知道应该怎么去跟他周旋进而变成朋友，或者说是非常想和他成为朋友。后来喝酒的时候我就跟他说了这个事情，因为已经拿起二锅头共饮了，这个事情就说得比较自然了。没想到他还是一个比较热心的人，他说俞老师，这个事情我可能帮你解决不了，但是我到星期五的时候可以把我的政委请出来跟你吃饭，到时候看看政委怎么帮你处理这个事儿。

没想到会这么顺利，我在中关村一个叫作香港美食城的高档饭店准备好了一桌酒菜。饭店就在海淀黄庄这一片儿，现在新东方大楼旁边的那个位置上。不过现在早就没有了，城市规划的时候已经被拆掉了。

到了星期五晚上，我就提前来到饭店，当时我还叫了新东方的另外一个男老师一起来。这个老师就是现在北大外事处的那个处长，是他陪着我一起去的。让他陪我来，一来是帮我招呼一下客人，二来也是给我壮壮胆儿，活跃一下酒桌上的气氛，毕竟和警察打交道我还是头一回。

警察一下子来了7个人，从政委到他的手下都来了。我那个时候从来没有跟他们打过交道，一看这7个警察的到来我就有点儿发憷了，就完全不知道怎么应酬了，也不知道该说什么话了，有些打怵。不像现在经历的场合多了，跟人喝酒、吃饭、应酬，几乎是应付自如，没话也能找话说，天南海北地神侃了。那个时候我没话找话也说不了的，因为实在是没有共同的或者是相近的经历，想找个他们感兴趣的话题都不大容易。我跟他们讲北大的事情他们不感兴趣，我又不知道什么社会上的新闻、趣闻。他们对我的职业也不是很了解，完全是相隔非常远的两个职业，更没有什么共同话题。我要是讲英语培训的话，他们更加不感兴趣了。我那点事儿就是一个员工被捕了，请他们帮帮我的忙，就这么简单。所以坐在一个桌上，聊天的话就有点儿少。

我是请客的，是东道主，为了不冷场，酒桌上就得有气氛啊。他们也都是爽快的人，所以我想那就跟公安局的警察喝酒吧。原则上我每次喝一斤白酒应该是没有问题的，但是这一斤白酒的前提是得一边吃菜，一边喝酒，一边聊天；大碗喝酒，大块儿吃肉，喝上两个小时，是没一点儿问题的。但是那一次，白酒我是以最快的速度喝下去的，这就和平时的喝法不一样了，是一定会有问题的。因为不管是胃还是肝，都受不了这种强烈的酒精的刺激。

当时我跟这些公安局的人完全不知道讲什么，也不知道该怎么讲，那唯一我能做的是什么呢？大哥，我敬你，干了。我起来一敬，原则上应该是全部敬，我一杯，他们每人一杯就喝下去了嘛。但是有个警察这个时候说，俞老师，你要我们帮忙，我们是不能这么喝酒的，你一人干一杯还是必须要的。

一人一杯，当时还没有现在这么小的白酒杯，都比现在的这个酒杯要大得多，一杯就差不多有半两。我向每个人敬一杯，一圈下来以后，差不多半斤酒就喝下去了；再吃一轮菜又敬一圈，不就是一斤的量嘛；再吃一轮菜，半个小时不到又来一圈，三圈下去一斤半白酒喝进去了。

很快我就有点儿招架不住了，紧接着我就失去知觉了，吃着吃着我就滑到桌子底下去了。来跟我喝酒的警察一看也紧张了，酒也不喝了，饭也不吃了，马上就用警车把我送到了中关村医院。因为他们也吓坏了，说这要是酒精中毒，事儿没给人家办成，结果把这条人命给弄没了，我们这 7 个人那还了得，回去全部都得受处分不说，怎么和人家的家属交代呢？

所以警察就让医院全力抢救。抢救的时候，陪我来的这个男老师，他骑着自行车发疯似的赶回去找我老婆。当时我老婆正在中关村二小的破房子里招生呢。他冲到二小找到我老婆，说俞老师喝酒喝多了，现在酒精中毒，有生命危险，正在医院抢救，你赶快去医院吧。

　　我老婆一边收钱，一边说俞敏洪要是喝酒喝死了，那全世界喝酒的人都得醉死。为什么她这么说呢？一来她知道我的酒量挺高的，很少遇到对手；二来她觉得我这个人还是蛮有生命力的。所以她并没有害怕，而是不紧不慢地赶过来。到了医院看到我晕在那儿打着点滴，输着液，还有一口气在，就放心了。

　　5个半小时之后我才醒过来，酒劲还没完全散去，当时觉得超级委屈。醒过来的时候，那个警察也站在我面前。他说俞老师你总算醒过来了，大家都被你吓死了，以后再也不敢跟你喝酒了。你有什么事情我们还是会帮忙的，只要你不做违法的事情，我们会秉公处理的。说完他就走了。这事儿到后来才办利索。

　　这个警察走了之后，病床边上剩下我老婆，还有我老婆的姐夫。我老婆的姐夫当时是被我请过来帮忙的，因为当时都用自己人的嘛，病房里还有我这个老师。我的第一反应就是再也不干了，怎么说都不再干了，坚决不干这个培训学校了。然后一边抱着我周围的人，一边号啕大哭了整整一个小时。当时就是坚决不想干了，把东方大学外语培训部关了，当时就是觉得这个委屈太大了，实际上还是酒精在起作用，大脑根本不受控制。也可以说是一种发泄吧，把多日来的不愉快全都倒出来了，发泄过后也就好了。

　　再过了两天，我又去找公安局的人。他们说俞老师，我们把你们这些培训机构的人都叫过来，叫过来以后大家一起谈谈。前面的事情我们就不处理了，毕竟人伤得也不重，过去的就过去了，但是后面的事情我们来帮你们协调一下，就是让大家知道你也是有朋友在背后帮忙的。这样做实际上是最好的办法，把后面的事情解决了，以后就会避免类似的矛盾。

随后公安局的政委、刑警大队的政委都出面了，把这些培训机构的负责人都叫过来了，严肃地说如果你们还像以前那样乱贴广告，到处贴、抢着贴是不行的。今后你们所有的培训机构在这个广告柱上都必须固定好一个位置，谁也别占谁的位置。以后不许再打斗了，谁打斗我们就找谁算账，而且我们现在知道俞敏洪是一个很好的老师，今后大家都互相照顾着点儿。政委的话很有作用。他的意思就是说，如果他们再跟俞敏洪的人打斗，警察就会找他们算账了，就等于是用保护我的口气在说话了。

最后公安局的同志们工作也做得很细致，把教育局的负责人也给叫过来了。提议说这个广告柱一人一块，大家各自选自己的位置。因为当时中关村有几十个大大小小的培训机构，互相打骂的事儿常有发生，所以大家就当场在这个广告柱上面挑位置。

也就是说，如果我的这个机构广告贴在这儿，你那个机构贴在那儿，以后永远就在这个位置，谁都不要去覆盖别人的。教育局的负责人也认可这样做，选位置的事就这样定了。我就让别人先挑，公安局的同志说俞老师你先挑，你先决定要哪个位置后，再让他们挑。

我的这个待遇实际上是我用半条命换来的，警察也确实是在给我撑腰，让我先选。最后我坚持说让他们全部挑完了我再挑，他们当然也没客气，最后给我剩下的那一块儿就是柱子最底下的那一块儿，我就要了这一块儿。这个事情就这么过去了，最不起眼的广告位我也认了，为什么呢，因为我当时已经发现了免费讲座的威力，所以不再是纯粹依赖贴广告来吸引学生了。但是，其他的培训机构没有一家像新东方一样有魄力敢做免费讲座的，我当时已经打定主意，就把宣传方式的重点放在免费讲座上，这个效果肯定会比贴广告效果好。

我必须培养出和我一样的员工来

新东方刚办前期，招聘来的学院派的老师教学方法和教学模式与我所创立的培训风格不大一样，而且每节课的授课内容也相差悬殊。

学院派的阅读老师完全是按照大学里教授英语的方式，按部就班地把每一句话拆开来讲解，语法点、词汇等给你分析半天。结果一堂课下来，一段阅读理解都不能讲完，而我在课堂上阅读理解一讲就是讲七到八段。

学院派的听力老师授课，一堂听力课下来也就是讲解 10 句听力，而我一堂课就能讲 100 多句。最后听课的学生就开始反映，说我们在这些老师的课上得到的信息量不够，这是第一个不满。第二个不满，他们的讲课方式完全是学院式的，而不是针对考试、应试特别设计的。这些授课的老师他们自己都没考过托福，所以不可能指导学生通过考试取得高分。第三个不满，这些老师授课时完全没有激情，没有活力，既讲不出语言的魅力，也没有幽默感，更没有鲜明的时代特色。因为学生普遍不满，最后的结果是这些学院派的老师全都提前"下课"了。

每个人的自身条件不一样，每个人对专业的理解程度和表达程度也不一样，但是有一点是一样的，能否把自己知道的东西巧妙地表现出来将决定这个老师的发展方向。

我记得有这么一个故事，我国古代有一次画师之间的比试，要求的主题是：深山藏古寺。画师们纷纷立足于自己的生活感受，巧妙构思，各显神通。

有的画师画出了第一种意境：古木苍郁的山林中，古寺露在半山坡中。有的画师画出了第二种意境：山林中隐现寺院的局部。还有更少数画师画出了第三种意境：山林中只露出一支旗杆。只有一个画师画出了第四种意境：一个小和尚在山脚下的小溪边打水。

最后大家一致公认第四种意境的画作是立意最深远的，技惊四座，拔得头筹。第四种意境好在哪儿呢？巧就巧在这位高明的画师没有画古寺，但是通过和尚挑水暗示出这附近一定有寺庙，而且庙一定在深山中，画面上看不见。这就把"藏"的意境表现出来了。

这就是巧妙的表现，我也是从学生时代走来的，而且为了高考还参加过辅导班。我就想，如果我来讲的话，应该通过什么样的方式帮助学生、吸引学生？我 1988 年开始考托福，第一次考托福我就考到了 653 分。1989 年第二次考托福考了 663 分，托福满分是 667 分，我距离满分只有微小的差别。

大家都知道考试其实就是一种衡量的工具，不管我们有多么不喜欢考试也得面对，这就是现状，谁也不能改变。无论是出国、考研还是四、六级考试，考试都只是一个梯子。登上去了就能到上一层，登不上去就只能在这一层待着了。虽然很多学生能够在考试中取得很高的分数，但不一定就代表学生的实际能力就达到这个高度。这是很无奈的事，不管怎样，学生还是得通过考试的方式获得认可，总得有高低之分吧。

考试是一种手段，就是为了获得那一张"通行证"。有考试就有应对考试的技巧，就有解决问题的好方法，埋头死学是不得其法的，我们应该尝试和接受这些应试技巧。关键在于成功通过考试之后，学生能否真正发挥出自己的实力，这才是最重要的。如果连通过考试的机会都没有，怎么能走得更远？怎么能在另一个层次上发挥自己的能力呢？

所以说，方法还是非常重要的。在研究托福考试的过程中，我把中国流行的 50 道托福题都做了个滚瓜烂熟，让我去教托福的考试内容，等于是驾轻就熟。随便哪个题目放在面前我都可以给学生讲，就是因为太熟悉托福了。而那些老教授肯定是不会去考托福的，更加不会去研究怎样考托福才能得到高分。尽管他们的英语能力十分高超，取得的成绩也很卓越，能把每句话讲解得十分清楚，但是这些都不是针对考试的要素去讲的，他们只是按照教学的方式讲的。

所以就给我留下一个成功的空间，他们对托福的不熟悉给我留下了一个缺口，我沿着这个缺口往前走，很快就柳暗花明。托福的神秘面纱在我面前变得无比透明，我就这么轻易地破解了摆在众多托福考试学生眼中的难关，通过大家的口耳相传逐渐有了名气。基本上就是这样一个概念。

我在北大的时候，执教三尺讲台，前面那几年教得确实挺枯燥，因为我发现自己的教学水平还不够，讲课水准不高，口头语言也不流畅，中文说得不好，英文也说得不好。但是，在北大的后两年，我的教学却突破了某种瓶颈，达到了一定的水准，就是面对学生也不再害怕了，自信心十足，在课堂上也敢胡侃了。

我在北大上英文课的时候，有时不给学生讲英语课本的内容，而是给他们讲《圣经》，把《圣经》拿出来当范文读，把希腊、罗马神话拿出来读，把最好听的英文歌曲拿出来分析，把歌词讲给他们听，那个时候我就已经有了现在的这种授课风格了。等到在校外上培训大班的时候，我就更加游刃有余了，因为在北大我上的课也就是四五十个学生，而外面的培训班常常是 100 人以上，甚至到了 200 人这样的规模。面对这样更庞大的学生群体，我就去琢磨怎么样能够吸引这 200 个学生的注意力，很自然地，我就会把励志、幽默和授课结合在一起讲，对题目进行更加到位的分析，收到了极佳的效果。

最初我一心一意搞英语培训，先是为别人教书，后来我就发现自己干能挣更多的钱，就与东方大学合作办了这个外语培训中心。先是搞 TOEFL 培训，后来又发现开 GRE 班比开 TOEFL 班更受欢迎，于是就开始开 GRE 班。招来了几十个学生才发现没有任何老师能够教 GRE 的词汇，我只能自己日夜备课，拼命翻各种英语大词典，每天备课达 10 个小时，但上课时依然捉襟见肘，常常被学生难倒，弄得张口结舌。为了维护自己的尊严，我开始拼命背英语词汇，家里的每一个角落都贴满了英语单词，最后居然翻阅弄破了两本《朗文现代英汉双解词典》。男子汉不发奋则已，一发奋则几万单词尽入麾下。结果是我老婆从此对我敬畏恩爱，如滔滔江水，绵绵不绝。

后来就有了新东方学校，就有了《GRE 词汇精选》这本书。最早写这本书时，中国还没有普及电脑，我就用一张卡片写一个单词和解释。在写完几千张卡片以后，再按照字母顺序整理出来送到出版社，结果出版社不收卡片，我只能又把几千张卡片抱回家，我老婆就在家里把一张张卡片上的内容抄在稿子上，每天都抄到深夜。书终于出版了，由于用了红色封面而被学生戏称为

"红宝书"。后来为了不断跟上时代，这本书又几经改版。由于有了电脑，修改起来也变得容易了，不再需要任何人伏案抄写。但对我来说，这本书唯一的意义，就是直到永远都留在我脑海中的——我老婆在灯光下帮我抄写手稿时的美丽背影。

我教英语最成功的一点就是，我能够把最复杂的英语句子、语法结构用最简单的语言讲解清楚，让课堂里的每一个学生都能听懂。所以，在我的课堂里面就会发现，托福考 200 分的人和托福考 600 分的人都坐在那里听，听完以后，下课他们都说很有收获。

最后，我就用这个标准来要求我的所有老师，不管多少人听课，都要有掌控课堂气氛和听课效果的能力。新东方正式成立前的最后一个班的人数已经达到了 400 人的规模，就是 1993 年还没成立新东方的时候最后那个班。那么面对 400 人的听课规模，所有的老师必须具备这样的一种能力，同时抓住这 400 人的注意力来上课。所以就很自然地要求老师通过不断地琢磨，把这个授课模式不断地完善。

随着学院派老师的离去，新的老师没有到位，我只好随时顶替上去，这一段时间把我自己也累得只剩下"半条命"。因为当时我定了一个制度，就是"如果你觉得这个老师不好，你可以把老师轰走"。最后的结果呢，这些老师真的都被"轰走"了，我只好各个教室乱串，临时担负起"消防员"和"救生员"的工作。疲于奔命的授课、代课突然让我的工作量激增，一段时间下来，就有些吃不消了，每天讲到嘴发干，声音嘶哑。

我时不时想起评书中的一句老话儿"一块好铁能打出多少钉"，虽然我能再吃些苦，多代几堂课，但这样下去绝不是好事。

一旦某一天我真的讲不出话了，整个学校就面临着停转的可能。我算是一个好老师，但是只靠我自己是不行的，所以，我必须培养出一批和我一样的老师来。

要把自卑心态、狂妄心态打掉

有人将一个团队比喻成一艘航船，领头的是船长，其他的人就是船员。船员们的职责就是同心协力、风雨同舟，每个人都肩负起船上每一个岗位的职责，和团队一起谋求大发展。如果一切都依靠船长，那么结果只能是船毁人亡。我就像新东方这艘船的船长，我不可能自己一个人就把所有的工作都干了，所以，培养船员就提上了日程。事物总是有两面性的，严峻的形势也产生了另外一件特别有意义的事情，就是我深深地体会到，必须培养新东方自己的授课老师了。

新东方培养了一些在考试中能拿高分的人。为什么新东方能培养拿高分的人呢？因为世界上存在着太多考试的门槛要让人迈过去，既然世界上有这么多的考试，那么我们就告诉学生考试最好的方法是什么，毫无疑问就需要新东方的老师帮他们一把。

我就重点要求新东方的老师备课一定注重细节，比如对一个词的讲解、一个句型的讲解都要展开。一般教学过程中，老师只是把词典上的例句念一遍，而我要求新东方的老师必须把知识向外延伸。对于一个单词，如何进行有效扩展就是一门学问，应该把一个重要的词讲透彻，深入人心，甚至让学生感动，才是课堂的关键。比如讲"transcend"，也就是超越的意思，不仅讲词根和意思，还引申到"transcendental genius"，超凡的天才的意思，讲中国古代的李贺，欧洲的达利、莫奈等，使学生从倾听到分享，到感动。当学生被李贺的生命旅程感动的时候，下一个知识点的讲解就需要调侃一下，这种激发思维、展开联想之后的调侃也是老师必须精心设计的。

我的目的实际上很简单，就是通过摸索应对各种各样考试的方法，让学生们尽快地通过考试。假如说一个人通过自己的学习，高考要两年才能考出一个优秀的分数，新东方介入以后，只需花一年时间就可以拿到优秀的分数的话，那么毫无疑问是新东方帮这个学生省下了一年的时间。这样的话，这个学生就有更多的时间去干别的事情。

所以，我要把我的教学方法传授给新东方的老师，让他们也这样做。在备课方面，要准备好所有的课程再上讲台。在课下进行一定时间的练习，包括语速、肢体语言，认真抖好每一个包袱。新东方的老师备课需要大量的时间，很多教师在开课前都会去教室研究一下黑板和电视的位置，一切都要细心，态度很重要。

新东方有两个从北大来的年轻老师，我综合分析了他们的能力和可塑性之后，觉得完全可以把他们带出来，培养成像我一样授课的老师。结果也如我所愿，他们的学习能力都很强，很快就悟出了我教学上的方法和特点，稍加锻炼，他们两个人就成为新东方学校里优秀的任课教师了。

他们一个成为阅读老师，一个成为听力老师，为我分担了大量的日常工作。其中的一个女老师，现在已经成为北大的知名教授；另一个男老师，现在是北大外事处的处长，他们目前都还在北大。

与此同时，北大还有一个博士毕业生到了国际关系学院去教书，他也在我这里授课。他的英语水平相当高，对阅读理解的领悟也非常深刻，但是，他英语的表达能力却不突出。于是我就跟他在一起探讨如何教好阅读理解课。我们集思广益，互通有无，很快就摸索出了一条适合考试，也适合学生理解和接受的培训模式。

这几个老师培养出来之后，就基本奠定了新东方稳定的教师队伍基础，紧接着我又开始培养、招聘一些完全没有教学背景的老师。对这些新招聘的老师我都是亲身示范，一带就是二三十节课，同时还把我的讲课录音放给他们听，让他们模仿我的讲课录音进行训练。实习一段时间之后，就让他们示范给我听，我觉得比较满意的时候，就把他们放到课堂上接受学生的检验。他们把学到和掌握的技巧不断地重复给学生听，重复到一定量的时候，就有了自信和掌控力了，他们自己的创造力就产生了。他们会适当地加进自己掌握的信息和知识，同时还会穿插着一些幽默、励志的授课内容，最后都成为可以独当一面的老师了。就这样，新东方的教学风格才逐渐形成。正是新东方的这两项绝招，使得这些老师身上除了有"实用主义"的烙印，更重要的是具有"人文主义"的情怀。

通过传帮带，我在最短的时间里带出了一批好老师，打造了新东方稳定的教师队伍。随着这些老师纷纷独立开展工作，学校的授课也进入了稳定发展时期。孔子说："不患无位，患所以立；不患莫己知，求为可知也。"意思是："不怕没有职位，只怕自己没有占据这个职位的本领；不怕没有人知道自己，而是要做到掌握可以让别人知道的本领。"这是孔子对人生价值的一种敏锐洞察。一个教师能不能在新东方站住脚，新东方能不能在众多民办培训学校中脱颖而出，最怕的就是没有什么能让自己立得起来的东西。要想"立"，就要凭借自己的真实本领，靠自己的一技之长，赢得学生的认可和尊敬。只要能不断充实自己，别人很自然地就能认可新东方了。

正是他们能教给学生实用的应试技巧，所以这一批老师就站住了脚。当学生面对一大堆让人头皮发麻的单词时，谁能够从中找到若干规律进而得到答案，这对为了考试付出无数心血和努力的学生来说，简直就是救命稻草、雪中送炭，说是孙悟空的三根"救命毫毛"也不为过。我带出的这一批老师是十分优秀的，他们后来都成了新东方的名牌老师。

幽默感是新东方倡导的，真正达到幽默感的老师，在新东方并不多。因为幽默感背后体现的是智慧，一般来说不太能达到真正自然的幽默感。新东方的老师跟我之间隔阂不多，都喜欢拿我调侃。老师们的那些段子里，永远有一个不变的主题，那就是以我为主角的调侃。但是这种调侃的背后蕴藏着的是"励志"，一种精神世界里的交锋，带给学生的是对人生价值的思考。

实际上现在全国所有的培训机构，所用的教学模式、教学内容，甚至上课说话、例句，都是从新东方拷贝过去的，恰恰有一点他们是学不到的，就是新东方对学生的这种灵魂上的鼓励。它的影响是一种心理上的影响，是一种将学生学习的热情，将希望学习的冲动，以及将他自己原来封闭性的自卑心态、狂妄心态给打掉以后，重新确立自己学习态度的一种演讲。就像我以前在演讲中讲的一样，就是说新东方一直鼓励学生在一段时间之内为了一个目标去拼命。

我给老师传达的最重要的就是奋发向上的那种感觉，就是让学生上完课特别开心。这并不是讲庸俗的笑话，而是出去的时候感觉自己增加了一份力量，对自己增加了一份自信，这种东西在新东方是非常明显的。

我觉得很多东西全国知名大学给不了。比如说全国的大学中，有大量的老师不会跟学生去谈他们一辈子的人生规划，不会去谈一个目标怎么样去实现，不会去给学生讲很多励志的故事，而且这个故事还都是新东方的老师们亲身经历的。我们就发现，许多大学毕业生在毕业之后，也没有确立自己的职业定位和人生目标，这个现象很可怕，但是还没有引起社会的重视。来到新东方的学生，通过我们的引导，完全可以从中找到自己的人生目标，并且还会按照目标设计自己的奋斗过程，我想这也是一种收获吧。

我们的尝试都很有效，我们这个团队逐渐有了一种精神力量，很多老师都在这个模式下成功了，都成了新东方著名的老师。我们摸索出了这么一条教学的特色之路，直到今天，新东方的很多老师还在沿用着这种模式，这就是"名牌老师"的模式。这个模式的四大要素就是：第一，教学内容必须贯穿整个课堂，这是学生之所以来到新东方的最重要的原因；第二，激情必须体现在讲课的每一句话里，这是学生认同我们的最重要的因素；第三，励志内容必须一两句话就能够打动人心，太啰嗦肯定让学生心烦；第四，幽默必须润物细无声地体现，否则就成了平庸的笑话和无聊的打趣。

如果一个老师能够把这四大要素完美地结合在一起，那他就能够成为新东方的品牌老师，成为新东方的骄傲。这个模式的构建给新东方带来了腾飞的机遇，名牌老师的模式的确为新东方的成长奠定了基础。

我们的团队有种精神

新东方对教师队伍和学校管理队伍的建设是个重点，也是个难点。新东方的职业经理人都是新东方内部培养出来的，不是从社会上招聘来的。因为新东方本身还是一个学校，学校的模式不同于公司，许多商业上的经验不能套用到新东方办教育的模式上来。所以，外面的职业经理人是做不了新东方的管理人员的，这已经被事实反复证明了。因为首先外面的职业经理人不懂教学特点和规律，也管不住下面的老师，其次也不懂课程设计，不会安排教学。即使在学校里给他配一个教务校长，也解决不了实际问题，教务校长有时会根据实际需要越过他处理一些事情，他反过来想就会认为教务校长看不起他这个主管领导而出现矛盾。

学校内部的教职员工也会想，外来的职业经理人既不是内行，也不懂业务，我们下面的工作人员为什么要服从他的管理呢？所以新东方的校长全是由新东方的优秀老师提升为优秀主管的，再由优秀的主管转变成优秀的校长，管理人员全是按这个模式培养的。

新东方可以说是中国培训领域教育管理者的摇篮吧，现在在全国各地有些名气的培训机构里，执掌教育管理的"新东方人"大概不会低于 1000 个。这些人都是新东方培养出来的优秀的管理干部，他们都是在新东方锻炼提升后又出去开拓事业空间的。

这种情况我也理解，我的目标是让我的老师成为全中国最富有的人。因为只有老师富有了，他们才能安心教书，传授知识，传授智慧，学生才能够更多受益；只有老师富有了，他们才能鼓励更多的人进入教育行业，才能让更有智慧的人投奔到教育中来。这样，中国的教育才能真正好起来，中国未来永久性的综合竞争实力才会强大起来。现在看来，这个想法的实现还需要很长时间和一个过程，不过我相信，我们对教育的重视和投入只是刚刚开始。

虽然新东方走出去的教育管理者很多，但是我想这是一个正常的人才流动现象。同样的道理，新东方现在也在不停地吸收人才、选拔人才。

努力修养开阔胸怀

"没有平庸的人，只有平庸的管理"

从管理角度来说，身为领导，就要做到让合适的人做合适的事儿，以达到人事相宜的效果。同样的道理，学校中的管理也按照每个老师的特长和优势安排他们的岗位和工作，这样才能充分发挥每个人的工作潜能。用人之道，历史上很多圣贤智者都有自己的心得体会，最困难的不是选拔人才，而在于选拔后怎样使用人才，使他们的才能发挥到极致。因为发现人才，识别人才，选拔人才，推荐人才，都是为了善用人才。

当然了，这个"名牌老师"模式也给我们带来了一些困惑。有的时候对个人来说也是有危害的，有些人就会被"名牌"所累，虚荣和自我膨胀有时候会伤害别人。人都有这样的一种感觉，就是说如果觉得自己变成了一个不可替代的人物，一定会提出更高的要价和要求，期望得到更多的回报和职位，这个逻辑永远是这样的。

我对此也深有感慨和认可，我喜欢发现人的长处，并愿意给他们一种真正的成长机会。那么新东方的课呢，原则上每门课我都是能上的，但是其中有一门课我是完全上不了的，就是数学课，叫"逻辑"，GRE 考试中的数学"逻辑"，这对于我来说，是一个薄弱环节。在这个课程的安排上，我就需要一匹千里马了，于是我就外请了一个老师。

大概在 1992 年至 1993 年，新东方就开了这个课程，我的数学在高考时考了 14 分，你想我怎么可能给学生讲数学呢？我就一定要外请老师。这个外请的老师其实也是在新东方磨炼和培养出来的，但是磨炼到最后，他就变成了这个领域中最有权威的老师了。

　　这个时候他环顾四周，发现新东方的每一门课我都能随时去顶替，唯独这门课我不能顶替。所以，明里暗里就和我较劲，一再要求上涨工资，到最后，就说如果不给上涨工资，他就甩课。我已经非常大度了，但是你总会碰到这样的人，他对利益的需求远远超过你能提供的程度，我就碰上了。他在课教到一半时就跟我说，俞老师我希望你能给我加工资，我说你现在的工资已经挺高了。他说我的要求很简单，这个班总共 44 节课，我上了 14 节课，我就要拿那 14 节课的钱。我说你说的 14 节课的钱是什么概念？他说就是这个班的总收入的 25%，我说那我招生费用、办公费用、市场费用、租教室的费用谁来出？他说这个我就不管了。但是他提出的上涨的这个幅度我确实接受不了，因为我如果接受了，就变成了我把工资分给所有老师，我就没钱了，那我办这个学校的目的就无法成立了。而且如果我给一个老师涨工资，其他的老师都会看到。无论如何他的要求也无法得到满足，最后的结果就是这个老师甩课跑了，当天晚上他就不去上课了。我这才发现他把这个项目甩课跑了的后果，没有任何人有能力去接替。我去安抚学生，学生根本就不干，紧接着学生就开始闹事，可能大家都不知道，当时闹得是非常凶的。最后的结果是我把整个一个班的钱全部退了，一分钱不要，除了数学课不上，其他课继续上，学生才算了事。

　　经验是最好的老师，通过这件事我明白了一个简单的道理：如果某个人物在我的学校或者机构里是个核心人物，当我离开了他，这个学校就会出现重大问题的时候，一定要给这个核心人物配另外一个核心人物。当然如果配上两个，这两个也联合在一起，我就麻烦了，那就多配几个。当时这件事情出了以后，我就做了一个思考，我想宁可多花点儿钱，也绝不能让这门课以后再没老师。宁可多花点力气培养，多付出些费用，也必须同时雇几个人一起做这一件事情。后来我在这个领域同时招了四个老师一起培养，这样的话如果出现任何一个老师甩课的行为，别的老师都可以立即顶上去，我是绝对不相信会出现四个老师同时甩课的行为的，除非是我的管理出了大问题。

我当时还想过，我对你那么好，我还天天给你做饭吃，我当时是每天都给这些老师做饭吃的。今天杀一只鸡，明天杀一只鸭，让我老婆煮好了，大家一起喝酒，很开心。但是表面的文化氛围解决不了实际的利益问题，最后的结果是他对我这样。我可能觉得对方品德低下，翅膀硬了就开始讲条件，但是对方并不这么认为，他也许觉得自己的要求是合理的。

这个甩课的现象就很像是开饭店。打个简单的比方，比如说我们开了一家饭店，请了一个大厨，可是我们又不会做这个大厨的菜，而大厨的精湛厨艺导致这个饭店顾客盈门。这个时候大厨他是会衡量的，一衡量他就知道这个饭店是靠我活着了，那么他就肯定会向老板说要不把股份分给我，要不就给我涨工资。老板如果说不行，那这个大厨肯定就走了，那么这个饭店也就面临关门的局面了。

其实，最好的办法就是双赢。如果一开始没有强大的队伍和雄厚的资金的话，那么我自己就必须是大厨，我怎么也不会把自己炒鱿鱼。所以当时在新东方实际上我算是大厨，但是这个大厨有一道顾客最喜欢吃的菜我不会炒，所以就导致了这种状态。

那么，如果我不是大厨，那就同时请几个厨子来做，这几个厨子是不可能同时炒老板鱿鱼的，所以我的这个饭店就相对安全。当然，我同时请几个厨子成本就会增加，但是比一个厨子能够威胁到我关门还是要好得多。所以，我基本上就在那个领域中一下子培养了四个人，从此以后在那个领域我就再没被员工炒过鱿鱼。

要成为一个合格的领袖，最重要的是在被对方"掐"到无比痛苦的时候，也要想他的合理性在什么地方。当然碰到刚才我说的那个例子就没办法了，那不能把整个机构给毁了来满足一个人的欲望吧。但是大部分的情况下，我的管理团队或者我的员工跟我"掐"一定是有某种道理的，我必须从一个心平气和的角度，想想做领导就是受委屈，领导人是所有员工和管理团队的服务者，而不是领导者。当我这样反过来想的时候，他们"掐"我也是理所当然了。

管理学上有一条著名的定理是"没有平庸的人，只有平庸的管理"。我前期犯的管理上的失误，还好暴露得及时，我又找到了解决的办法，才没有造成更坏的影响。如果当初在管理上还是因循守旧，精打细算，每次把希望寄托在一个人的身上，这种现象后期还是会出现的。一直以来，对有能力的人，我一般都会安排合适的岗位发挥他们的长处；对犯错误的人，一般是悉心教育；对待有大功劳的人要重奖、要提拔，这样就形成了新东方后来积极向上的团队力量。

学生选择了新东方，我们就要做得更好。学生来听我的课，是学生对我的恩惠，每次讲完课我都会向学生鞠躬表示对学生的尊重。这种尊重是相互的，学生来新东方学校也是付出了时间和金钱的，我没有任何理由不尊重他们。如果说新东方学校与其他学校最大的不同之处，就是我们没有那么商业化，没有那么世俗化，我们还保留着许多人情味。

开办培训学校的前几年，我既要讲课，又要搞管理，还要应付招生的事情。这是我最累、最辛苦的一段时间，根本谈不上有什么科学管理模式。

新东方开始的时候也没有什么严格的管理，或者说基本上就不需要管理，都是按照我的想法，想到哪儿做到哪儿，遇到事情就解决事情。每天的工作都是必须完成的，睁开眼这些事情就摆在那里等着我。

第一，我所要做的就是带着老师走进教室上课；第二，我得租一个地方作教室，这个地方当时我们用得最多的是北京大学电教中心。电教中心主任跟我关系很好，而且房租的价格还不是最高的，所以上课的地点也安定了下来。后来新东方做大了，这里的教室不具备发展的需要了，我就去寻找更大的教室，再到后来建立自己的教室，这都是后话了。

那个时期也就 10 个老师左右，基本都是全职，也有兼职的，比如北大的这几个老师就是兼职的。因为所有的课都集中在晚上和星期六、星期天，所以平时他们都很清闲。那么有几个新招进来的老师就转变成全职的，他们都是研究生毕业，到我这里来应聘的。

到了 1993 年，新东方成立的时候，新东方的学生已经很多了，就是同期已经可以开到 8 到 10 个班，这些全职的老师就足够合理安排课程了。我当时采取了一个政策，因为学生招得多了以后，收入完全可以满足我的费用支出了。当时代课的老师差不多是 150 块钱一节课，我这里就给 200 块，外面 300 块，我这里就给 600 块，这样的话，因为我给的工资高，我的老师很自然就会安心地在这儿工作了。

用好人情这笔人生财富

1993 年初，民办学校基本都归成人教育局管。当时我刚开始去申请办学的时候，他们说我办学是不合格的。为什么不合格呢？他们说，创办民办学校包括培训机构需要两个条件：第一，要有一个副教授职称的人出面；第二，原单位必须同意并出具证明。

这两个条件我都不具备，首先，我不是副教授，只不过是北大的讲师而已；其次，我已经从北大辞职了，北大怎么可能给我出具什么办学的证明文件呢？所以这个办学的事情就僵在那儿了。但是那个时候我已经学会了和人打交道，也有了一定的人际交往经验。每到没课的时候，基本上每隔一两个星期，我就到成人教育局去一趟，也不提办学的事情，就坐在那儿跟他们抽根烟，聊聊天，侃侃大山。

当时民办教育科的主任姓马，这个人工作态度十分端正，人也特别好，比较容易相处。过了一段时间他觉得我这个人挺不错的，后来他就主动提出帮我解决办学校的事情。他说："你不是想办个学校吗？"我说："是啊，不过你们不是说我不合格嘛。"他说："没事儿，我们还是有办法的。"我就向马主任请教。他说："你是北大的讲师，相当于别的大学的副教授，你可以不到北大去开证明，你的档案现在存在国家人事部人才交流中心，你让人才交流中心给你盖个章就可以了。"

我的档案从北大转出来就放到了人才交流中心，我基本都忘记这件事情了。得到高人指点后，我喜出望外地跑到人才交流中心去了，结果他们根本不给我盖章。他们说给你盖了这个章你去办学，万一你拿着钱跑掉了，出现问题不还得找我们吗。所以他们就是不给盖。这样我就没有办法了，因为人才交流中心的人我一个也不认识，就想到看看能不能托别人的关系打通这个门路。

我当时的社会关系很少，其实也找不到人来帮我，但是有的时候命不该绝，就有人救。我从人才交流中心往外走的时候，一个小姑娘站了起来和我打招呼说："俞老师，你怎么在这儿？"我说："你怎么认识我？"她说："我在你的托福班上课。"真是有贵人相助啊，我对她说："你看，你上的托福班叫东方大学外语培训部，那不是我自己的，现在我想办一个自己的学校，但是需要有一个单位给我盖一个章，表示同意我办学校，我的档案就存在这儿，只能这儿盖。"她说："俞老师，你别说了，我进去给你盖。"

小姑娘的办事能力挺强的，进去不到10分钟就出来了，鲜红的公章工工整整地盖在文件上了，人才交流中心同意俞敏洪办新东方学校的章就这样出来了。我再到教育局备案就顺理成章了，当时办学校注册资本一分钱都不要。你可以有，也可以没有，资本为零也照样给办执照。

拿到了人才中心的章，我没有急着到教育局去办理执照，我觉得这个关系要慢慢地来处，所以经常有事儿没事儿去跑一趟，抽根烟，也不说什么事，就随便聊聊天。这一招也是自己体会出来的，因为农村出来的孩子都有一种天生的敏感性，或者说是实在性。因为我在农村长大，我们家亲戚很多，我们村上的村民也很多，家家户户都是来回串门，最后串得很熟了就开始互相帮忙嘛。和陌生人见面我肯定不会让他们讨厌我，因为我这个人从某种意义上来说倒是挺有人缘的，绝对不是一个惹人讨厌的人。既然他们不讨厌我，那么和他们见面见多了，自然双方会产生亲近感，再办事成功的概率就大了，这件事情实际上就照着我预想的方向进行。

在这个问题上我是非常有耐心的。这种人际交往的方式大都来自家庭。农民的这种小聪明，虽然见效慢，但是十分有用。

最后培训学校的执照很顺利地办了出来，新东方终于有了自己的番号，再也不是"土八路""游击队"了。名正言顺，新东方的根基终于坚实地立在了社会民办教学的基础上。看着日益壮大的新东方，我真是按捺不住心里的激动。

1993年我除了上课之外，又要做好学校的日常管理工作，还要搞好社会关系，同时还要兼顾市场竞争，发条上得很紧，不过心情比现在好像还要轻松点儿。我那个时候的工作时间也比现在长，早晨六七点钟就起来，晚上一两点钟才睡觉，因为得备课。每天就睡四五个小时，身体却一直非常健康，完全没事儿，主要原因是那个时候心理上非常轻松。因为那个时候我和身边的人相处得十分愉快，每天上完课，我们经常聚在一起喝酒，我这个人又喜欢和许多人在一起工作、生活，所以工作量虽然大，但是很充实。

中国本来就是一个人情社会，只要在不违法的前提之下，你人情做得越到位，事情越好办。所以这个人情是不能丢的，别的都能丢。当然了，前提是不违法，这个是我一直遵守的准则。

　　每个人在社会上都不是孤立的，周围都有许多和自己共同学习、工作和生活的人，要想学习顺利、事业成功、生活幸福，每个人都得建立良好的人际关系。那个时候我已经开始注重和各方面搞好关系了，不但和自己的员工经常在一起同乐，而且还和其他一些机构或个人保持着良好的人际往来。人情到位实际上也促进了新东方的成功。1991 年我从北大出来，到 1993 年，教育局支持我了，公安局支持我了，街道居委会的老太太也支持我了。第一次我贴广告不知道贴在什么地方，就贴在那个电线杆上，上面是性病广告，下面是新东方招生广告，结果第二天就有人拿着罚款单跑到我这儿来了，一定要罚我的款。街道居委会负责管这个事情，我只能拿着小刀到那个柱子上，一张一张地把那个广告全部重新刮掉，求那个老太太别罚我的款。最后我就请那些老太太到我这儿来坐坐，她们来坐了几次我就和老太太们很热乎了，她们就会反过来热情地帮助我了。

　　我不需要跟老太太们聊什么，只要对她们表示尊敬就行。另外呢，我请的几个工作人员都是下岗工作人员，也是中老年人。下岗工人当时都是 40 岁左右，我一下就请了四五个下岗工人在我这儿工作。这些人和那些街道居委会的老太太打交道时就比我容易多了。我对于她们就像一个小兄弟一样，当时我才 30 岁出头，后来请她们吃吃饭，聊聊天，最后双方都相处得很开心。

和志同道合的人一起打江山

　　从 1993 年我正式创办新东方以后，经过 1994 年的稳定发展，就有了明显的起色，从教学到管理一直都比较顺利，1995年学校的整个运营更加流畅。

学校发展的规模和速度虽不能说是成倍地增长吧，但是整个发展过程是顺利的，几乎没遇到什么业务上的障碍。学生的人数也越来越多，他们对教学的要求也越来越高，新东方也面临着与时俱进的情形。社会经济的发展和学生观念的日益更新，对新东方学校的发展提出了更高的要求。这个时候我就觉得单单靠我一个人的智慧和力量是远远不够的，要想长期保持新东方良好的经营状态，就不能满足现状、不思进取。不过一直以来我都在超负荷工作，确实感到有点儿累，而且有些力不从心。新东方一直在进行外语教学的尝试，我的眼光已不仅仅局限在培训几个学生，收点儿学费养活这个学校而已。尽管一直是我一个人在这里拼命地搞教学，拼命地办学校，但是我深信一个人总有他自身的局限性，很难干出壮丽的事业。这个时候我就希望有志同道合的人加入进来，大家一起把新东方做大做强，我就开始琢磨请一些能人进来。

离开北大之后有很长一段时间，我都是一个独行侠，培训班的事情无论大小，都是我一个人打理，我老婆加入那也是后来的事儿。一个人默默工作就有点儿孤单，我这个人具有一种喜欢与人同乐的天性，喜欢和一帮人一起高高兴兴、有说有笑地工作。到了新东方稳定发展的时候了，我就觉得有必要请一些人为新东方带来一些新的思路。

当然在国内有大量的老师帮助我进行教学。这些老师水平很高，但也有局限，他们中的大多数都没有出过国，其中一些人自己也抱着想出国的愿望。由于没有出过国，他们往往对西方文化的理解并不深刻，而外语教学应该是把东西方文化完美结合起来的教学。如何才能采取适合中国人的方式达到让学生真正理解西方文化、西方语言呢？我认为把国外的一些人才挖回来，能够真正起到一种东西方文化交流、思想融会贯通的作用，对于学生的发展甚至文化的发展都会有重大的影响。这就是我真正的目的。

到了1995年我看了一下自己的银行账单，虽然存下的钱并不多，但是，银行账户上应该已经有二三十万人民币了，这已经是一个比较令人满意的数额了。我觉得这个时候有能力去一次美国了。我这次去的目的就是旅游，也可以说是看看多年以前梦想着要去的国度。

有意思的是，我在八几年的时候，大概是在1987年或者1988年的时候，在北京参加了一个中美高等教育研讨会。当时美国高等教育协会的副主席来北京参加这个研讨会，我是他的同声翻译。我形影不离地跟了他3天，吃喝拉撒睡都跟着他，他就特别地欣赏我，所以在他回到美国以后，还给我写过信，我也给他回过信，有那么几年我们一直保持着联系。到了1995年，这个会议已经过去了8年了，这8年的时间里其中有5年我们的联系中断了。现在我想去美国看看需要一封邀请信，我就想到了他。我和这位高等教育协会的副主席又联系上了，我给他写了封信，我说我想到美国去，需要一封邀请信。结果他一个星期就把邀请信给我寄过来了，邀请我去美国高等教育协会参观、学习等。

拿到这封邀请信，我去相关部门一出示，他们一看是美国高等教育协会的副主席签的，肯定不会是假的了，所以签证就特别容易，很快就给我办理了。

当时的国情和现在有很大的不同，对去美国的签证 10 个中国人中还是会被拒签掉 8 个。我这么顺利地拿到了，所以当时就非常开心。我拿到去美国的签证后，再到加拿大办签证时，更痛快，什么都不用解释了，他们"咚"的一下，签证就给结结实实地盖上章了。因为我能到美国去，肯定就不会滞留在加拿大，估计当时他们就是这么想的，认为我不存在移民倾向，所以两个国家的签证就同时拿到了。

为什么我这么急切地想去美国呢？这和我那些年一直追求的"美国求学"的梦想有关。这个愿望从 1988 年开始，一直延续了五六年，虽然最后我放弃了这个想法，但是，想去美国转一转、看一看的念头却在心里面压不住了。人一旦找到了了结心愿的方法，就会踏上心灵的解放之旅，其他一切都不在意了。有的人把工作当成毕生的事业，有的人把工作的成绩当成人生的乐趣，还有的人把工作看成赚钱的途径。还好我没有成为只顾赚钱的机器，我的内心依然还有许多浪漫的想法。

当时我想去美国看看的想法已经到了压抑不住的程度了。1995 年的时候，我去美国的愿望挺迫切的。但是那个时候，我并不是完全想着去国外把那些同学叫回来。我也知道他们当初花费了那么多的精力去美国，就是为了在异国他乡成就一番事业，也许现在都生活得很不错了。即使我的新东方现在发展得很好，在他们眼里也许并不羡慕，不过我心里还是抱有那么一点点期望。更多的想法是什么呢？

第一，我到美国去看一看，了解一下美国的方方面面。我给学生们讲托福，讲英语，苦口婆心地讲了这么多年，送了无数个学生去美国，自己连美国都没去过，却一直鼓动着别人到美国去留学，这个感觉就不对。所以我一定要到美国去看一看，亲身体验一下美国的风土人情，这个想法不自觉地就到了迫切要求实现的程度了。

第二，新东方做得很成功，我觉得现在也算事业有成了，钱包也鼓了，但是有一种藏在深山的感觉，我的同学基本都不知道我的现状，去美国就有一种露露脸的炫耀心理。上大学的时候，在所有的同学中，我被认为是最不可能有出息的人。当我被学校处分，离开北大的时候，同学们基本都知道我这段不光彩的事情。他们大多以为我就此销声匿迹了，这辈子就那么完了。如果这个时候我到美国去花大把大把的美元，让我的同学看一看，他们就会觉得，没想到俞敏洪也出息了。这样的话我多年前的郁闷心理也可以排解了。当时我就有这么一种特别世俗的心态在里面。我想大家也能理解这种想法，这就和中了状元要骑着马、戴着红花走在大街上让众人看的那种感觉一样。

当时的中国对外汇的管理是很严的，那个时候也没有信用卡，只能兑换美元，而且通过正常渠道还兑换不到美元。最后我还是找了好多人在黑市里兑换了一些美金，兑换了大概有 6000美金吧。当时的政策是规定只允许带 500 美元还是 1000 美元现金出国。对这个我的印象有点儿不清晰了，反正就是允许带的数额不多。

实际上我也没带太多的现金去美国，我咨询了一下相关的政策，这 6000 美元是可以在中国变成承兑支票的。就是说银行可以开美元承兑支票，我把美元给中国的银行，中国的银行给我承兑支票。我到了美国以后就可以到银行直接去换取美金，所以不存在带不出去的问题，但是带这么多的现金出国就没这么容易了。

记得我到了国外之后做的第一件事情就是到银行兑换，换的也不全是现金，大多是可以转换成现金的支票。100 块钱一张的旅行支票，使用起来非常方便，这样的话，就等于在美国有足够的现金可以花了。

这一次去美国我走了接近 40 天，我的课肯定是要耽误一些的，因此就得提前做一些调整。我在新东方的课是怎么安排的呢？出发前我做了一些准备和课程顺序上的安排，我预先录制好了 10 堂课的讲课录音，明确地告诉学生这 10 堂课大家只能听我的录音了。当时学生们都没有什么反对意见，他们认为只要能听到俞敏洪的课就行了。

尽管这样，我那个时候还是有不安的感觉，学生们这么通情达理，我内心就感觉挺对不起学生的。虽然平时很多学生也听过我的讲课录音，那都是因为有的时候我实在讲不动了，就会给他们放录音。不过我就坐在录音机的后面，陪着学生一起听，学生照样听得很开心。而且我还能适时地插上几句，有点儿互动的成分在里面，课堂气氛还是很好的。

但是现在是去美国，我一走就是一个多月，不得不给学生们放录音听，挺愧疚的，感觉很对不起学生们。毕竟他们都是花了钱到新东方学习的，为的就是听我的课。好在我当时亲自授课也算是稀缺资源，学生们觉得只要是能听到我的声音就行了，别的也就不挑剔了。从这种情况可以看出来，在 1995 年的时候，学生对我的教学认可程度就已经达到这种程度了。那么后面剩下的几堂课怎么办呢？我告诉他们先往后推，其他的老师先上课，我回来后一次性给他们补完，学生也就都接受了。所以我就暂时安心地去了美国有 30 多天，11 月底走的，1 月初回来的，在那边过了一个圣诞节。

因为我到美国还抱着请一些同学回来加入新东方的想法，所以这一路上我拜访了很多同学。为了方便，为了节省时间，也为了能好好看看美国的风土人情，我还开了一辆汽车在美国的道路上跑——这是临时租的一辆汽车。当时中国的驾照在美国还能通用，我就开着这辆租来的汽车，几乎跑遍了美国，开着它去了很多个城市。这绝对是我在美国的自驾游，我想去过美国的中国人很少有我这种经历，也没几个像我这样第一次去美国就敢自己开着车到处走的。

去美国和加拿大拜访我的那些同学，其实当时并没有特别明确的目标一定要让他们回国，只不过就是去的时候抱着这么一个小小的目的。最期盼的还是看看国外的变化，顺便到加拿大走一趟，因为这两个国家的签证我都拿到了，就一起看看长长见识。当然还抱着了却多年前未赴美国的心愿，多少还带着点去同学面前炫耀的成分在里面。再有就是想看看老同学们在那边到底在干什么，所以我拜访的全是大学的同学或朋友。因为有加拿大的签证嘛，所以我设计的路线是先飞到加拿大，首站是温哥华，再到渥太华，转赴多伦多，从多伦多直飞波士顿，然后再从波士顿租车一路开到纽约，到华盛顿，到费城，再到华盛顿。

因为我知道我讲的英语尽管不标准，但是美国人都能听懂，所以语言交流上就不存在障碍。而且我对地图的辨别能力十分强，对方向感也十分有把握。我看地图的能力是超级强的，东南西北从来没有搞不清楚的时候。除了走进沙漠失去坐标的情况下，我不敢打包票，只要是有路标的地方我就能找到东南西北，所以我很少迷路。方向感好，有地图，还能问路，我还怕什么呢？开着车就走呗。当时也没有 GPS——那个时候根本就不可能有 GPS，我到今天为止也从来不用 GPS，我车里就有，但是我从来都不用。我就是要测验自己看地图和辨方向的能力，到现在还是这样。

那一次北美之行，我先后拜访了六七个同学，后来回来了三个。我在加拿大、美国拜访的远不止这三个人，但是他们都是听我自己在描述新东方，没有人亲眼看到新东方的成绩，对我的话也将信将疑。他们有的人在那边还在上学，有的觉得回来太不保险了，因为当时我去的时候并没有想到一定会说服他们回来。真正被我说服回来的就是徐小平和王强两个人。包凡一后来也回来了。不过我当时并没有拜访到他，我去多伦多的时候没有见到他。到了 1996 年底，包凡一听说他们俩回来了，他就跟着回来了，所以总共回来了三个，就是有同学关系和朋友关系的在北大的人一共回来了三个。

不断探索新的模式

首站加拿大。我这样急切地寻找着的一个人，就是曾在北大团委任文化部部长的徐小平。在徐小平温馨而又舒适的家中，我俩喝着酒，酣畅淋漓地谈了四天四夜。喝着喝着大家就开始谈各自的理想，这几年各自的经历。徐小平是搞音乐出身的，他的梦想就是要回中国办一个唱片公司，推出自己的歌，推出自己的唱片，但是缺少的就是资金。实际上他曾经在 1991 年到 1992 年间回国一次，在市场拼搏了一番，最后血本无归地又回加拿大了。当时，他就给我讲他的音乐理想，后来又给我朗诵他写的歌词，还有他创作的诗，真是把我感动得一塌糊涂。那一瞬间，北大所有的精神力量，北大的那种人文气息，就在我的眼前荡漾了。

当年他回国创业并不知道我在北京创办新东方的事情，不过 1991 年的时候我也没钱，所以他根本就没想到要来找我。到了 1995 年我去北美的时候，他发现我变成有钱人了，我可以随时拿出大把的美元潇洒了，他还是很穷地在加拿大待着，连一份正式工作都没有。我和他讲了近几年国内发生的巨大变化，讲越来越开放的中国给人们带来的发展机遇，而讲得最多的还是新东方。我讲创办新东方的艰辛与成功，讲新东方面临的机遇与挑战……

我觉得像他这种人才不回来发展真是太可惜了，但是回来我也不知道他在新东方能干什么。因为他不是学英语的，不可能让他来教书，而且我录用他来教书肯定也是不对的。因为我去美国就不是完全抱着让他们回来当老师这个概念的，我冲的就是希望跟多年的好朋友见个面，叙叙旧，感怀一下曾经的往事这个想法的。

听着徐小平的歌词，还有诗，我一感动，就跟他说："行，你回去以后干唱片公司吧，然后我给你投资 30 万。"当时我账上所有的钱加在一起，其实也就是三四十万。我说我保证能给你 30 万，因为新东方在蓬勃发展嘛，所以我知道是肯定能给得起的。让他办唱片公司，但是回来我们一起干，就是说他回来了愿意在新东方干，我们就在新东方一起干，不能在新东方干，他就自己干唱片公司，我给他投资。

我是1月2号、3号左右回到北京的，他1月9号就飞回来了。我当时非常隆重地接待了他，我还特意在1月4号买了一辆帕萨特，是德国原装进口的。唯一的原因就是要到机场接徐小平，我觉得用面包车去接他，实在是不够分量，也不隆重，就买了这辆帕萨特。这个做法挺有意思的吧。

徐小平回来以后从哪儿开始着手工作呢？当时刚好中国已经开始了移民潮，加拿大移民这一块儿的人数就很多，但是就没人真正在干这一块儿项目，在新东方学托福的有好多人是要走加拿大移民路线的。他就抓住了这个，专心做移民。我说你光做移民不行，我觉得这个业务跟我的价值观不太符合。既然别人要移民你帮着他们移过去也可以，但是呢，你能不能再附加做点儿别的事情呢，比如和新东方的业务范畴联系起来？

我们精心设计了一下，又做了两件事情，就把徐小平的专长和新东方的培训项目巧妙地衔接在一起。

第一件事情，免费对学生进行签证咨询，因为当时中国学生到美国去很容易被拒签。徐小平在这方面的创新研究能力超级强。他设计了一整套的美国签证咨询的流程和培训流程，经过他咨询的学生很多真的就被签过去了。所以，新东方又名声大振，说只要是在新东方经过培训的，签到美国去很少有不成功的。新东方就相当于又多了一个签证的核心竞争力。这个专长当时在全中国只有徐小平一个人能做。

紧接着徐小平又和我做了第二件事情，尝试徐小平授课模式。我对他说，原来讲座都是一个人讲的，现在我们可以两个人一起讲。徐小平说我从来没有讲过课，怎么讲？我说好办，就讲你在国外的生活状况和大学生活。你是在国外博士毕业的，那里的大学生活你可以放开讲，你在国外打工的经历也可以讲。另外，你创作了至少十几首留学生涯的歌曲，你可以拿这些歌曲边讲座，边拿个吉他唱给学生听，这些对于那些没有出过国的学生特有吸引力。结果，徐小平的模式超级成功，第一场就轰动了，来了大约 1000 人。

徐小平在课堂上讲国外的生活怎么样，然后唱自己的歌，这个模式一直到现在还有。结果学生非常喜爱这种活泼的、有着异国情调的课堂气氛。等到讲第二场的时候，来了 3000 人，许多学生都说太好玩儿了，感受太震撼了。这种形式当时就是我跟徐小平两个人鼓动起来的。后来有的时候讲托福专题的时候，也有另外两个老师跟他一起讲过。新东方推出的这一新的尝试，效果非常好，徐小平在新东方就算一炮打响了。

从加拿大回国后的徐小平，担任了新东方副校长的职务。他结合自身的经历成立了新东方出国留学、移民咨询处，创立了新东方咨询思想和留学理论，并大力推行他的"人生设计"理念，给新东方打响了一炮，开辟了一个新领域，创下了一个"品牌"，徐小平也因此被年轻一代称为"人生设计师"。

长出自己的左膀右臂来

拜访王强也是这个样子的。我飞到了新泽西，王强当时已经是贝尔实验室的高级工程师，工作极其稳定，收入也很高。

我到他家里去，当时开着汽车从波士顿一直开到新泽西。那个时候刚好美国下着暴雪，路上基本没有什么车，那么厚的雪，我居然看着地图就找到了他家。他见到我也好奇怪，觉得我的胆子简直不是一般的大。到了王强家以后，老同学见面嘛，异常兴奋。他在北大跟我一起当过几年老师，还一起在北大不到 10 平方米的宿舍住过当过邻居，一起在北大的校园里打过乒乓球，还在同一个教研室工作，我们两个的相同点就更多了。所以呢，我和王强除了同学关系还额外多了一层同事的关系。

因为我们两个比较熟悉嘛，我就在他的家里喝啤酒，谈理想，谈事业。当时我并没有想到要劝王强回来，我知道他在美国奋斗了这么多年，能熬到那个位置不太容易。我是没动过把他劝回来的念头的，也没有想到他会回来。我记得王强这个人属于很强势的一类人，他回来以后搞不清是他领导我还是我领导他。因为他在大学时期就是我的班长、团支部书记，讲话是说一不二，个性特别刚强的。

我一直就认为这样的人是不会回来的，而且还是听我指挥的，我本身就是挺怕他的，这也是他长时间做我的班长积累的威望吧。我就觉得他回来我怎么管得了他呢？所以就没太敢动这样的脑筋。王强其实也没有往这方面想，我们就是喝酒聊天，聊着聊着，大谈人生和理想。聊着聊着，我就说了徐小平打算回去发展的想法。

王强跟徐小平曾经在同一个艺术团相处过，他们都是北京大学艺术团的。一个做过团长，一个做过指导老师，他对徐小平也是比较熟悉的。他觉得徐小平这样冒失地回去虽然有点儿没谱，也在情理之中，但是他这个贝尔实验室的工作也不错，不见得、也不能随便回去吧。

但是转机在什么地方呢？转机在两件事情上。第一件是我跟他到普林斯顿大学去参观的时候发生的。普林斯顿大学是美国的名牌大学，我到了那儿肯定要去看看的嘛，而且这个学校离他家又很近。毕竟在美国的校园里，东方人的面孔还是少数的，结果我一走进校园，迎面走来的中国学生几乎全都把我的名字叫出来了。

因为我从 1990 年就开始教托福，一直教到 1995 年，我前面的几批学生，一般都是第一年托福，第二年就出国。所以那个时候美国的大学尽管中国学生不多，但是到美国上大学的中国学生有一半都是从我的新东方学校走出去的。当时新东方是以培训高分出名的，就是我们培训出来的学生的平均分都高过其他的学校，所以，出国的人群中间，我的学生就变成最多的了。就是这样一个原因，我的面孔和名字在美国的普林斯顿大学反倒成了中国学生都熟知的了。

王强这个时候就觉得俞敏洪在北大那样一个默默无闻的人物，怎么到了美国这个地盘儿还会这么露脸，怎么普林斯顿大学的中国学生都认识他，他当时确实挺吃惊的。他半认真半开玩笑地说，老俞，你现在是个人物了。

第二件事情，也是王强自己常常讲的一个故事，这也是真实发生的。一天晚上，他要请我到一个经营湖南菜的中国饭店去吃饭，我们一行人就去了，包括他老婆——他老婆也是我的同班同学。王强和他夫人是我们班唯一一对儿同班同学结婚一直到今天还幸福美满的，是结了婚过得最幸福的一对儿了，同班的其他几对儿结婚的现在都离了。到了那个饭店以后，有意思的是那个饭店的服务员走过来说，俞老师，你好。这一下王强就觉得太有面子了，所以王强当时开玩笑地说："你指的是外面的鱼，还是鱼缸里的鱼，是哪个鱼？"就是跟服务员开开玩笑，但是这个小插曲给王强的印象挺深的。

王强一直希望自己能够成为有社会地位、有声望的人，因为他是一个有梦想的人，也是有人文气质的人。看到我有这样的知名度以后，他就想，老俞在中国都能做成功，怎么着我的能力都不会比他差嘛。这一点在大学时候就看出来了，教书我教不过他，因为在大学教书的时候，我受过王强很多"欺负"。

当时，王强一个班的教室里能坐着80个人听他讲课，多出来的40个人是从我班里慕名而去的，结果我的教室里一个人都没有了。教学生的时候，我发现教书就是比不过王强。他教学能力是有一套的，所以王强回来后，能想象到他在新东方会达到什么高度。

经过这两件小事刺激以后，他就有点儿动心了。他虽然动心了，但是并没有立即回来。徐小平1996年初就回来了，一直到了1996年10月份王强才回来。这期间我和王强还是不断地在电话中交换想法，每次我和徐小平一边喝酒一边聊天时就会想到王强，就会给他打个电话过去。当时国际长途相对来说已经是比较容易打了，打通电话过去后，王强就问："你们在干什么？"我说我们在喝酒，在聊天，大块吃肉，大碗喝酒。听我们唠叨之后，他又问："你们怎么那么开心？"我说："我们就是自己干自己的事情。"

我们这样一描述新东方壮观的大课堂，王强一下就动心了。但是王强说我回来干什么呢？我说目前口语听说班没有人管，回来口语听说项目可以从零做起。

王强就提出了"美语思维"概念，提出用美语思维训练学员，让学员理解并运用美国人语言表达时的思维逻辑。这个很有创造性，于是王强就在国外开始编教材，编了教材后就发给我们。我们看了教材之后给否了。他又用了一个月的时间重新编写，我们又给他提了好多建议。几经修改，觉得这个教材能上课了，王强的信心就更足了，后来王强的课都是他自己编的教材。我们就说，你回来试一试吧。

说是试一试，王强这个人很倔，他直接就到贝尔实验室辞职去了。因为他在那儿算是一个优秀员工，贝尔实验室的人就说太奇怪了，哪有中国人到了这个地方还辞职的呢？你为什么回去呢？他说要回中国去，回中国创业去——当时还不叫创业，就是回国跟朋友一起干事儿去。贝尔实验室的头头居然跟他这么说："你能不能请三个月假，万一你回去事儿干完了，或者没干成还可以回来。"结果他一点儿也没含糊，当即就把一切留后路的念头、保留工作岗位的念头全斩断了，就回到中国了，来做这个口语听说班。

口语听说班做得有多艰难呢，也是跟我刚起步的时候一样。我带着他去做演讲，刚开始他已经有点儿不太适应在中国这样演讲了，套路还没完全摆出来。招生情况也很被动，招了很长时间，人数一直很少。当时我买了一个 50 平方米的小房子，就在北大南门对面一个叫作中成大厦的附近，把这个小房子给他做了教室。第一期也就来了大概 10 个学生。就是从这 10 个学生开始，王强也经历了他那个领域创业的艰辛，同样徐小平也经历了这个过程。

后来他开设的口语听说班非常成功，原来设计的一个班都是

20 个人，他能扩充教到 500 人。500 个学生每人交 500 元学费，一起坐在教室里听他的课，没有一个有意见的。他能教到这个程度，我一看我就无比佩服了，因为我是教不了口语听说的，那他就能教了。所以当时我想让他回来还有一个背后的原因，就是我知道王强回来后绝对是新东方教学一把好手。

心中要容得下他人去跑马

徐小平和王强等老同学回来的时候问我说："这个利益怎么分配？"我说："没有利益分配，我不会让你们来上课给你们开工资的，因为我觉得这个不符合我跟朋友打交道的原则。我也不希望你们变成我的部下，你们也不会愿意变成我的部下。"我说："你们回来的时候如果没地方住，先住我家，没钱花我先借给你们，以新东方学校为依托，你们各自去创办新的项目，老项目出国考试这一块业务你们不能涉及。"

我的想法也是很切合实际的，如果我放开这个固有的出国考试领域任大家介入，和我的初衷就不一致了。这样做的结果不是把原有的项目变大，而是把这一整块项目切分成若干个小块，到最后大家都吃不饱，也吃不好。都来涉及这个老项目，不就乱了嘛，这个我还是有底线的。要不然最后就会变成骆驼和阿拉伯人的故事了：骆驼先是把头伸进帐篷，然后身子进来了，最后把帐篷里的人一脚给踹出去了。我这是打个比方，因为我知道，他们在某些方面能力比我强，我知道他们的优势，他们自然也知道自己的长处，就是说我原来自创的业务领域不要随便去碰，各自按自己的优势发展自己的一块儿新业务，开拓新的局面、新的领域。

徐小平就做移民领域，王强就做口语听说领域。刚开始的时候，这两项基本都是全亏本运行。因为招生都是统一招的，都在一张广告上招的。那么我是跟他们怎么核算的呢？我就说把所有的费用弥补了以后，剩下的钱都是他们的。实际上是这么一个概念，就是说，所有的费用里面如果拆开算是比较麻烦的。比如像徐小平移民咨询这一块儿，其实是不需要我承担费用的。为什么呢？我给他另外弄了一个办公室，新东方帮着免费宣传移民的咨询就可以了。

但是和王强招生是在一起的，用的教室也在一起。这样的话，这个费用拆分就有难度了。我就跟王强说，这样吧，整体费用加起来算 15%，剩下来 85% 你全拿走。如果你请别的老师教书，他的上课费也从你这 85% 中出。他那一块儿领域，完全是从零做起的，刚开始的时候，根本就招不上学生来，所以那个15% 也不可能去拿，也没有拿。但是后来王强就赶上来了，因为他的教学水平比较高嘛，很快就起来了。

平时一说话，我们这帮人都能讲到一起去，北大读的书是一样的，学的专业是一样的。最后就是我们特别能聊，这跟我培养的那批老师不一样，我培养的那批老师，一没有共同的历史背景，二不是同学关系，三没有类似的人文背景，所以跟他们聊不到这么深。

当时在北京还有一个本地土著叫杜子华，也教托福、GRE，他的口语也非常厉害。他在山东工业大学学习期间，就对英语有浓厚的兴趣。他每天大量阅读英文读物，还反复观摩英文电影，完全是生活在一个活生生的英语世界里，几近痴狂。说"功夫不负有心人"也好，说"天道酬勤"也罢，1989 年，杜子华考进了北京外国语大学的翻译专业，也是绝对的科班出身的外语尖子了。

后来，杜子华又上了研究生，他在英语口语、英语听力、英语写作等方面都很有优势。同时他也开始从事英语教学、高级翻译和同声传译的工作。他在英语实际应用方面的水平确实不得不让人佩服，他提出了"电影听力学习法"，还大力推广了这种方法。这种学习方法轻松愉快，在电影情节的引领下，对于学生看懂、听懂影片中的对白是很有帮助的，还能帮助学生学习理解影片中的风土人情、民俗民风和方言俚语。由于这种方法生动而不枯燥，很快就得到了大家的热烈欢迎。

加入新东方后，杜子华就建立了一个"英语电影听说班"的项目，为准备出国的留学生们找到了一条培训口语、听力和语感的路子，也给学生们提供了一个了解西方文化和生活的最佳途径。他讲授的"英语 900 分句"和 TSE 口语班、TSE 考试辅导班、治疗英语语言疾病的语言提高班，都在英语培训界引起了很大的反响。

我也给了他一块儿领域，最后也给他像王强一样的待遇。他和王强共同推出了"美国口语教学法"，总结出了学习美国口语的六大技巧。

功夫不负有心人，我连续邀请到几位同学和社会上的人才加盟新东方，他们的到来让新东方的面貌焕然一新。徐小平、王强、包凡一这些陆续从海外回来加盟新东方的各路人才，经过多年在外打拼，他们身上都积聚着巨大的能量。来到新东方，他们不仅带来了世界上最先进的理念、最先进的文化和最先进的教学方法，而且在新东方这个极具包容性的舞台上，也尽情地展示和张扬了他们桀骜不驯的个性。在大学里，这些同学就比我优秀，是我的班长什么的，他们来了之后，很多时候还是习惯性地指挥我，要求我这样那样做。

他们每个人都像自主创业一样，大家干得热火朝天。我给所有的人提供了新东方这个大舞台，给每个人充分的自由和空间，只要你有想法，那就大胆地干吧！每个人都能充分发挥自己的创造性和潜力。在大家共同的努力下，新东方不断壮大，这就给新东方锻造出了一个个耀眼的明星教师和品牌业务。

这些加盟新东方的人才后来个个都是独当一面的大将，几乎每一个人的到来都为新东方开辟了一个新的领域。在这一段时期，我们拓展了口语培训、大学英语培训、实用英语培训等英语教学业务，同时启动了出国咨询、人生策划、英语图书出版等业务。

就这样，新东方从单纯的出国英语培训拓展到提供多品种的英语教育服务，使新东方成了一个实力雄厚、前景广大的综合性培训机构。而且我们每一个品牌都做得很好，在行业内产生了巨大的震动。新东方从此不再仅仅是一个学校，而成了一个响当当的品牌，我们也从一个装备简单的游击队变成了兵种齐全，装备先进的正规军了。

就这样，新东方迅速地从我一个人做一个独立的部门，变成了几个部门同时运作的局面。几个部门都是独立运作，再统一起来行动。每个人都各自负责一块儿业务，干得热火朝天，后来我们这四个人就变成新东方的核心人物了，以这四个部门为主，一直这样运行着。这样的话，从合伙人一直到后来成立公司，这其中的一些转变还是需要时间来磨合的。

这有一点儿孵化器的感觉，刚开始的时候什么问题都没出。从 1996 年他们回来开始，一直到 2000 年几乎就没问题。就是过一段时间他们把该分的钱拿走，我该留的钱留下来。大家晚上上完课就去聊天，常常一聊就聊到一两点、两三点。大家互相帮助，一起做演讲，当然也有吵架的时候，但是吵完第二天就好，基本上，那是一段特别快乐充实的时间。

人才总会流失，但结局有时更圆满

随着新东方顺利发展，经营规模不断扩大，当其他城市陆续建立分校后，管理人员的搭配就是个大问题了，关键是在内部找一个既了解教育行业、又对市场经营管理在行的人才并不是一件很容易的事情。搭建一套新东方的管理系统，而且这个管理系统到现在为止也没有散架，应该说还是不错的。其实我当时只是坚持了一个原则，就是新东方只做直营，尤其是在大城市中只做直营不做连锁，我认为连锁加盟的质量是控制不住的。

新东方的一级管理干部 70 多个人，我要让他们在中欧国际工商学院学习一年。至少我有一个权力，我今天想让某个人下来他肯定在这个位置上待不到明天。在企业管理上这种权力是不能放的，我一放了，以后下面的人根本就不会听我的话了。

所以新东方全是直营，直营就要有良好的两大体系，第一个是良好的薪酬体系，就是我能把优秀的人留在这个体系中。既然他不是在为自己干活儿，他是在为我干活儿，我怎么样把他留在自己的位置上，并且想办法让他感受到他就是在为自己干活儿呢？这个就需要有很多薪酬体系、人力资源的设计方案。当然了，靠企业文化、靠个人魅力也是能起到一点儿作用的。比如说我要是给某个干部打电话聊聊天的话，他的干劲儿就会足一点儿，但是不能长期保证。我带着大家到海景花园去学习，这个也算是企业文化的一部分，他们也会觉得在这个地方挺开心的，也能多干一点儿。但是真正实实在在能让一个人在这儿干得长久的是他本人的薪酬，让他足以对照同行的收入觉得自己留在这儿肯定是合算的。

第二个体系就是他个人的成长体系。他在这儿不仅仅能挣到满意的钱，还能学到很多东西，他的职业通道往上升的时候也是通的，而且他做的事情跟他个人兴趣爱好是相吻合的。这是必须要做的事情，也是吸引一个人留下来的重要原因。或许新东方的人才总会不可避免流失，但是偶然的失落与人才的错失，其结局有时反而更加圆满。又或许我们的工作会经常遇到这样的情况，但是依然会有自己的成长规律。

成功真的是把双刃剑

家族企业只有蜕变才有希望

我老婆 1997 年就到加拿大去了，她去加拿大也是有复杂原因的。这里面发生了很多事情，比如说我和合作伙伴们吵架的事情。我们吵架的原因不仅仅是利益的问题，还有一个原因就是家族成员参与日常管理的问题。

我老婆到国外去的第一个原因来自我的决定，因为我觉得既然和我的这些同学、朋友在一起合伙了，我老婆再参与学校管理的话，可能会让他们觉得特别不舒服。但是我又怕我老婆，怎么能让她走呢？后来我就和我老婆说，你看咱们新东方未来要做大吧？她说是啊，这是我们的命根子啊。我就说，你看咱俩现在的能力，做大新东方有点儿力不从心。她说，倒也是。我说，我们两个人有一个先出去读书吧，提高能力。我老婆就说，那你先出去吧！我说不行啊，我先出去了，这一帮兔崽子心怀叵测在你身边，你哪儿受得了啊，对不对？不如让我先对付他们一阵子，你先出去读书吧！也不知道我老婆是怎么被我忽悠的，1997 年底就真的跑到国外去读书了。她出去读了两年书，我们这边也差不多改造完了。她回来后说，我还能不能回新东方工作？我说你看我们现在这个结构，你回来好像不大合适，你先在国外工作两年，学学东西方文化融合的本领吧。我老婆说，那就再待两年吧。然后过了两年，我说，咱们再要第二个孩子吧。她说，好啊。我说，那我们生完第二个孩子再回去吧。这样我老婆就给我生了个儿子。

其实她也知道我的个性，是那种为朋友两肋插刀的人。她看到新东方的业务也步入正轨了，基本还是放心我能管理好这个学校了，就安心待在加拿大了。

第二个原因，我们在1995年的时候就办成了加拿大的移民，当时是想移到国外去，然后在国外上大学。我老婆先去了加拿大，过了两年我女儿也跟着过去了，这样她们就在国外定居了。而我就变成了真正的空中飞人了，经常在太平洋上空飞来飞去，每隔一段时间就去看望她们一次。

我刚成立新东方的时候，用的大多是家族成员。有句老话"打仗亲兄弟，上阵父子兵"，这也是中国所有民营企业的一个共同之处吧。等到我的朋友、同学从美国回来的时候，我老妈也到北京帮忙来了，她除了做饭也参与管理。因为老太太的个性比较强，她也乐于参与新东方的事务，她接触最多的管理是后勤方面的。我又不太敢管我老妈，结果我老妈就变成了新东方管理者中的一员了。也就是说我老婆走了之后，我老妈又进来了，我的亲戚朋友比如我的姐夫也过来了，还有我老婆的姐夫和姐姐也都在新东方。

1996年我的这些朋友回来后，当时的远景规划就是想在国内把新东方做大做强，做成一个全国知名的民办学校。这是什么概念呢？也就是说要把新东方办成一个正规的、管理科学的、可持续发展的学校。随着徐小平、王强、包凡一他们陆续加入，新东方的管理人员也多了起来。他们对于我在新东方的这些家族成员，尽管有时候感觉到有点儿不舒服，但是也没有什么反对意见。为什么？因为我是创始人嘛，但是他们对当时另外几个家族的成员就不这么认为了。新东方在国内还发展了两三个合伙人，这两三个合伙人就跟着我学，结果是带进来的家族成员比我的家族成员还要多。

清退家族成员是徐小平、王强、包凡一他们发起的，因为他们没有亲戚在新东方干。他们觉得新东方到处都是亲戚朋友，人际关系太复杂，山头林立，一团乌烟瘴气，说这个现状继续下去怎么得了。复杂的家族关系尽管对我们的业务没有影响，但是当时已经谈股份合并了嘛，真正变成股份制公司了，大量的家族成员还在这儿干就不现实了。

原来大家各干一块儿业务，独立核算，可以互相不管，现在不行了。合在一起之后，利益分配就不成比例了，所以家族成员都必须离开。虽然他们当时说我的家族成员可以不走，其他的家族成员必须走，但是我想，如果我的家族成员不走，其他家族的人怎么能走呢？这样做的结果很明显会带来更大的矛盾和冲突，因此这是不现实的，所以必须得一起走，一次性解决这个矛盾。他们这几个从海外回来的人思维还是比较理性的，在经营管理这方面确实是很了不起的。他们受过西方的教育，很不理解这种沾亲带故的行为，更不理解一家人都聚在一起做同一个工作的现象。他们到了新东方之后也从来没有起过这样的念头，要把自己的亲戚什么的都拉进新东方。比如说王强也有弟弟，当时他的弟弟还找不到工作，王强就是不允许他弟弟进新东方。徐小平也不允许他的亲属进新东方，包凡一对这个事情就更加不认可了。

这几个人一看新东方已经变成家族式企业了，家族企业弄进来的人水泼不进、针插不入，因为大家根本就不敢得罪他们。所以，到了 2000 年的时候，当时最大的矛盾不是业务矛盾，而是激烈的家族矛盾。所以这几个人就来找我商量，建议把这些家族成员清理出去。他们说俞敏洪的家族成员可以不出去，其他人的家族成员必须出去，不允许他们再有亲戚朋友在新东方继续干。

听了他们的提议，我开始觉得他们还挺厚道的，能把我的家族成员给留下，但是，转念一想这个事情不对头。我把我的家族成员留下，把其他几个人的家族成员都赶走了，这样做是不是有点儿太厚此薄彼了。那样的话，我在新东方的威信就一点儿都没有了，变成了一个很霸道、很独裁的专制者了。另外如果我这样做的话，那被分离出去的几个家族肯定会不服气，说不定还会大搞破坏，也许他们都不会在新东方干了。考虑了一下，最后我说不行，这样做不合理，我也得把我的家族成员一起清退。

面对这个问题，我当时是觉得挺难受的，因为我这个人比较喜欢热热闹闹地在一起工作的气氛。但是从后来的实际效果来看，我发现他们做的是非常对的。忠言逆耳利于行，其实这两个帮手还真是帮到了关键时刻，在最重要的关口提出了最正确的建议。

他们其实也不是有一个清晰的现代化的科学重组结构的思想观念。他们都是文人出身的知识分子，根本就没经营过公司，但是他们从自己对经营管理的理解出发，知道继续这样干下去，这么多的亲戚朋友混在一起，早晚是要出事儿的。因此，他们俩很坚决地督促我走上了人事调整的路子。

虽然这个提议弄得大家都不开心，但是在提议之前大家都已经不开心了，现在把这个事情挑明了，把不便透明的想法都和盘托出也是好事。因为有的家族在很多问题上早就激化出矛盾了，他们情绪上才反映出来不开心。所以就反过来想，如果把这些亲戚朋友都清退，也就没有这些大家都不开心的事情和矛盾冲突了，道理就这么简单。

果断地挪开亲情这块绊脚石

我知道让我的家族成员退出，这在感情上很难开口，这个难度太大了。老妈、姐夫、老婆那边的姐姐和姐夫，我怎么开口呢？我是看见我老妈就会害怕得发抖的那种人，更别说让她们都离开新东方了。1996 年，王强、徐小平从美国回来后，亲眼看过我跪在我老妈面前挨训。我老妈一发脾气，我就会不自觉地跪下去，这是从小养成的习惯，也是对父母敬重的一种方式吧。到了 2000 年，老太太很郑重地告诉我，你现在也算功成名就了，也是中国的名人了，以后我骂你你就不要跪了，坐在床边上听我讲就行了。

我妈妈非常尊重老人，这一点没有商量的余地，她对我也是严格要求，必须尊重长者。所以我老妈一训我，轻则是我的两个手垂在身旁，低着头听我老妈训，重则就是下跪。她一训就是半个小时到一个小时，我老妈的脾气是很大的，也许是农村出来的老太太的缘故吧。我老妈年轻的时候还是我们村上的妇女队长，她就锻炼得很能讲话，所以我后来变得能讲话，也有点儿遗传我妈妈的基因在里面吧。其实我妈妈训我大多就是唠叨唠叨，就是说你看你怎么那么没出息，让你干活你还不干。我这辈子多苦呀，嫁到了俞家之后还没有出头之日，你还没出息，我这辈子怎么活，就是这种唠叨话。我就听着，骂完了以后我再接着干活去。

我妈妈是在农村生活的人，小时候我妈妈就对我特别严厉，但也正是这种严厉，最后让我考上了大学，才有了出息。比如说小时候，从我懂事开始，每天吃完晚饭洗过碗，我跟我姐就在煤油灯旁做作业，我老妈就坐在一旁边纺线边陪着我们。当时农民都是靠纺个毛线、纺个棉线卖了以后换点儿零用钱的。早上起来以后必须扫地，扫完地才能上学，一直到18岁，这种生活习惯都没变过。在劳动这种原则问题上，我老妈坚决不让步，也不给我偷懒耍滑的机会，就是要培养我好好劳动的习惯。所以我从小就养成了特别热爱劳动的习惯，就是被我老妈训练出来的。

自从我老妈来到了新东方，老太太觉得在新东方管理一下后勤之类的事情很开心，又是自己儿子的事业，儿子干的事情，轮得到外人来说话吗？老太太心中的感觉就是这帮人是来抢我儿子的钱的，她不会想这是一个集体，在一起奋斗什么的，她哪儿想得到这些大道理呢？她一看，国外的人一个接一个地回来，还天天压迫我儿子，不但抢我儿子的钱，还要把我们这些亲属赶出去，这连门儿都没有。

所以从我们决定要驱逐家族成员，到最后让我的家族成员离开新东方，大约用了一年半的时间。最后我的家族成员也清除出去了，这其中的分寸至今想起来还是感觉伤了他们的一片挚诚。所以我后来也开玩笑，说我老妈半年不给我做饭，我老婆和我分居半年，这说得有点儿夸张，不过当时她们确实挺生气的。

真实情况是这样的，当时我提出让我老妈离开新东方，是在我老妈过生日的时候。我们一起儿吃饭，当时请了三桌新东方的人，在饭桌上我就说到家族成员要离开新东方的事情。我老妈火了，上来就要打我。老太太确实挺意外的，也挺气愤的。徐小平在边上看得目瞪口呆，他认定了俞敏洪你想把你老妈赶走是绝对不可能的事。1996 年我们回来的时候，你老妈一骂你，你就会跪下去，怎么可能说服老太太呢？老太太怎么可能离开新东方？

那就让时间来慢慢消化这一顿难以下咽的晚餐吧。慢慢地我老妈开始有点儿理解我的处境了，一年半以后她发现，如果这样下去，儿子受苦受得更多。因为我那个时候就像是"风箱里的老鼠——两头受气"嘛，那边推着我要把家族成员弄走，家族这边的人不退出。

最后我姐夫第一个先退出了。我姐夫说，在这个问题上不能让弟弟为难，我带头先走。当时我姐夫已经是书店的经理了，而且是当时新东方书店中经营得最好的一个单位。我姐夫也有超级的经营管理能力，书店办得最好，利润也最多，结果姐夫辞职就走了，一分钱的补贴都没拿到。后来分股份的时候，家族成员不予考虑，所以我的家族成员除了我以外，没有一个拿到股份的。

当时我姐夫是自己主动下来的，我姐夫比较通情达理嘛。我姐后来对我很生气，而且生了很长时间的气，因为我姐也是个农村妇女，她是不理解这个事情的。她为了支持我上学，牺牲了她自己的学业，所以我姐对我是有恩的。我姐本来应该是 6 岁进学校的，为了带我，到了 8 岁半 9 岁才进学校。她小时候在家一直照顾我，我跟我姐差了 5 岁，她可不刚好是七八岁的人带着两三岁的我吗，所以我妈就不让她上学。

尽管我姐读到高中毕业，但是就没再接着考大学，我姐实际上就是把考学的机会留给我了。现在把我姐夫给赶走了，我心里也很难受，但是又不能挽留，我姐夫主动退出新东方了。紧接着就是我老婆那边，我老婆的姐姐在天津的新东方学校——当时已经有了天津新东方学校了，她在天津新东方学校当会计。我老婆的姐夫也同意离开，最后他们也离开了，我背后多补贴一些钱，就当作离开的待遇了。

我家族的成员陆续地退出新东方，最后亲属中只剩下我老妈一个人了。老太太慢慢也看明白了，她虽然年纪大了，但是看问题还是非常准确的。我姐夫也在私下里劝她，她也知道我面临的处境，知道我很苦。老太太后来就心疼我了，说那我也退出吧。

老太太临走前有个小小的要求。她说，退归退，以后虽然我不管事儿了，后勤行政也都让你们的人管了，但是给我留一个小办公室吧，我要经常去那儿坐坐。就这样，我老妈也正式退出了，我在新东方的家族成员就一个都没有了。

她没事儿的时候就喜欢去那间小办公室坐着。虽然不再管事了，但是每次看到新东方，她的眼神里还是挺留恋的。那些街道居委会的、派出所的，每次到新东方来的时候都喜欢坐在她那儿聊聊天。老太太特别有人缘，她的办公室超级有意思，就像社会的一个舞台。平时她就自己待在小办公室里，门一关根本就没人看见，给她保留的这个办公室一直到今年才正式撤销。她在那儿跟人家聊天，对整个公司的氛围还是很有积极影响的。

老太太到现在在新东方也是极其有威望的。你们不知道这老太太厉害到什么地步吧，公安局、派出所没有她不熟悉的。她能够在新东方暑假进班的时候，让全体派出所成员出来为新东方维持秩序。那些公安局的民警到新东方来，老太太在那办公室一坐，然后就会跟这些公安局的人聊天、喝茶。公安局的人就发现这个老太太很慈祥，很通情达理，还不时地给他们递包烟，公安人员就对老太太特别地尊敬。

到今天还是这样，现在中关村海淀派出所的人还只认我妈。奇怪吧？新东方现在的年轻人去办事，办不下来，老太太一个电话过去，民警就出动了。虽然没什么文化，但老太太还是有点儿公关本事的，目前新东方在北京的几千名员工全认识我妈，全部都乐呵呵地叫她阿婆。她没事儿还会到学校来转转，还是挺留恋学校的一景一物的。

试想当时第一次开口让我老妈离开新东方的时候，老太太如果看到墙上面挂着的营业执照，都会从墙上拿下来撕掉，说咱们都不干了，回农村，确实她是真生气了。那么后来是怎么说服她彻底退出的呢？当时刚好新东方有了住宿部了，然后我就说，老妈你去包食堂吧。这个食堂原计划就是外包的，这等于说是从主营业务中间给她划出了一个副业。

因为不让老太太干点儿活，她就会天天来跟我吵，老太太属于那种闲不住的人。所以一定要给她找个活干，她干活又不能在新东方干。所以大家一致通过，说这个食堂反正要包给外面人的，不如咱们自己来干吧，等于就是承包给老太太了。于是老太太从家乡调来她的几个侄子、外孙，再请了两个厨师，就把新东方食堂办起来了，到现在新东方的食堂还在她手里经营着呢。

这样一来，我老妈就彻底退出去了。这一退就好办了，其他几个新东方的领导一看我动真格儿的了，三天之内就开始全面展开清退工作了，什么姐姐、弟弟、外甥，在新东方的都不留。后来用了大概一年半的时间，所有的家族成员全部清退了。

所幸的是，这次清退家族成员虽然有摩擦，有冲突，最终还是过了河。新东方依然还是完整的，精神文化依旧存在，组织结构、管理结构、发展方向也逐步明确。所有这些正是通过这一两年的摩擦、斗争换取的。

清退家族成员以后还出现一些情况，好玩儿着呢。有的新东方的领导，就把自己的亲戚换一个名字，又放到新东方另外一个部门去了。后来我一看，这是怎么回事儿？还有后来做新东方领导的几个人，私下里给自己的老婆还额外开了好几年的工资呢。实际上她们已经离开新东方了，完全是在吃空饷。但是最后还是彻底清退了，所有的家族成员和新东方仅有的一点儿牵连都完完全全地斩断了。

现在回过头来看这段新东方成长过程中的历史，如果没有王强、徐小平这一提议的话，到现在新东方肯定还是家族企业，是上不了市的，到最后还有可能是四分五裂的。所以在这点上，尽管徐小平和王强把我给压得喘不过气来，但是，他们确实为新东方的持续发展作出了很大的贡献。

做好利益分配才是硬道理

合伙制我们一直保持了这么几年，大家合作得确实也非常好。那么为什么要转变成公司性质呢？当时我们并没有要转变成公司的想法，一直觉得这样的合伙制运行得也很好。但是到了2000年的时候呢，就有点儿出问题了。问题不是在原有业务项目利益分配上，因为在利益分配上大家都是觉得心满意足的。这种合伙制实际上是我一分钱不赚他们的，我赚的只是新东方考试培训这个老项目这一块儿利润，其余的项目是大家共同建的新东方的新品牌。他们个人赚的钱，他们个人的85%都拿走了。后期新东方所有增加的教室以及教学区，都是从我这儿支出的，都是我的那个老项目的利润购买的教学设备。没有花他们的钱，所以，大家对这样的利益分配方式和基础投资都不会有意见。

但是到了 2000 年为什么出现问题了呢？主要是因为新的业务产生了，这些新业务不是围绕着英语培训展开的，而是全新的游离于新东方传统经营范围之外的一些新兴业务范畴。比如说当时中国电脑培训特别兴盛，到处都是电脑培训班，招生的场面非常火爆。我们一喝酒一吃饭就讨论这个社会现象，最后我们就讨论到既然社会上办电脑培训班的机构这么多，我们为什么自己不能办呢？为什么不能丰富一下新东方的业务范畴呢？

我们当时是这么计划的，但是这个电脑培训班到后来新东方也没办起来。我们当时讨论的结果是准备办，但是最难统一思想的问题是"谁来办"？那么办这个电脑培训班，比如说让我来办，他们觉得好像有点儿不太对头。如果这个项目做大了赚了钱，赚的钱基本就是我一个人拿了，这样他们就什么都分不到了。后来又说让王强办，因为王强是电脑工程师出身，对电脑这个领域还是比较熟悉的。然而，也有其他的人不大认可，最后讨论的结果是，把这个新的项目构建起来，变成一个股份制，新项目完全变成股份制，也就是虚拟的。因为这个新的项目其实不需要去工商登记嘛，只是我们相互之间虚拟的一个股份制。

所以这个事情就变得特别有意思了，当时新东方有两块新业务。一个是电脑培训，一个是图书出版，就是我们编书，然后让出版社出版，再在新东方卖，也是很赚钱的。

那么电脑培训项目通过重新商议以后就变成王强去做了，王强就要拿大股，我们几个人再平分小股。比如说王强占 60% 的股份，我们再一人占 10% 的股份；我去搞图书出版，我就变成了占 60% 的股份，其他人就各占 10% 的股份。这样的分配方式就出现了很大的随意性，完全没有任何结构和管理模式的这种随机股份分配方式，所以到最后就乱了嘛。就是我分管这一块儿，他分管那一块儿，然后每一块儿的利益又是不均等的，所以到利益分配的时候矛盾就开始多了。矛盾多了以后，大家又不知道这个事情怎么解决。无论我们在一起怎么讨论，都讨论不出头绪来。既然我们内部解决不了这些问题，那就请外面的专家或者机构介入吧，看看他们有什么好办法。

当时我听说有一个搞企业咨询名气特别大的人，这个人直到现在在中国的知名度还是非常高的。他叫王明夫，大家可能听说过他。王明夫创建了和君商学院，做得也特别好。那个时候王明夫还是人民大学的教授，那个时期人民大学的教授对外咨询的较多，出了很多人才，像包政、王明夫、彭建峰等，他们当时为全国各地的民营公司提供咨询。

为了尽快和王明夫建立联系，我就找了一个中间人，约王明夫在友谊宾馆见面。见面后一聊，没想到我们俩就聊得非常畅快，我说了很多新东方的事情，他听得也很认真。王明夫也是一个很有人文气质的人，听了我的介绍，他对我说这个事情很简单，我会带着我的咨询组到你的新东方去，我们来帮你们理出个头绪。

第二天还是第二个星期我记得不是很清楚了，王明夫就带着他的咨询组来到了新东方学校。他们进来半个小时后就说，你们新东方现在这个规模，已经达到了将近一个亿的收入。从创办到现在做了这么多年，你们扣除各种费用以后，净利润也有两三千万吧。如果你们要上市的话，市值就会涨到 80 倍，你们想想，该有多少钱？当时中国的股市市盈率大概是七八十倍吧。他们又说，但是你们现在没有依托机构，以学校的名义是不可能上市的，所以你们要上市就得先做公司，做公司你们就得先股份化，把目前所有的项目合在一起，而且不能把钱拿回去，因为拿回去了就没利润了，你们就上不了市了。

新东方可以上市，上市后市值达到几十倍的概念就是在那个时候种到他们心里去的。经过王明夫这么一分析，我们都明白这个道理了，都说好，于是大家就聚在一起规划这个事情。当时新东方的重要领导人物有 11 个，除了这些提供咨询的朋友以外，其实就是我们这 11 个人自己关起门来开始商议上市的事情。

第一道最重要的程序就是成立一个公司，这个公司要在学校主体外面先成立，然后再把学校重新装进去。因为学校本身是不能变成公司的，所以首先就要另外成立一个公司，成立公司前的第一件事情就是大家先分配股份。工作了这么多年，在这个公司里谁占百分之多少总得先明确一下吧。我们这些人关上门，研究了一天半，意见很快统一了，最后股份就分出来了。

那么，每个合伙人该分多少啊？指导原则就是按照过去这么多年，每个人对新东方的贡献大小来划分。当时商议的结果就是有 11 个人可以在公司拿到这样的股份，但是真正的核心分配，其实就是我跟王强、徐小平三个人在那儿讨论决定的。

分股份的时候也就是一天半的时间。分股份倒没有产生什么矛盾，因为当时大家的想法基本都差不多，而且还有咨询公司在旁边随时提供咨询。大家一致认为我肯定是要拿大头的，所以一致同意我拿 55%，剩下的 45% 股份就是大家按标准划分吧。

其实我们分配股份的速度还蛮快的。比如说徐小平、王强每个人各拿 10%，其余的人有的拿 4%，有的拿 3%，有的拿 2%，还有拿 0.5% 的。有高有低，有的人就觉得不满意，所以有两个拿到 0.5% 的老师最后跟我吵架吵得不可开交。

当时的 0.5% 的股份是多少呢？我们实际上是按照一亿股计算的，这里面有个技术指标。当时按照一亿股计算，就是说 0.5% 就是 50 万股，但是当时的一亿股是不值钱的，实际上每一股的原始价就是一毛钱，因为我们是用 1000 万元注册的这个公司。

那么也就是说，有的人一看只分到 0.5%，等于说才分了 5 万块钱，当然就特别不开心了，所以那两个拿到 0.5% 的老师就和我吵架了。他们以前也都是新东方的名牌老师，虽然那个时候已经都不教课了，但是我考虑到他们过去七八年在新东方教课的贡献，还是给他们分了这个股份的。

这样股份分配结束之后，就出了很多问题，分股份过程中出的问题在随后的几年中一直是吵架打闹的基本原因。从 2000 年年底开始，一直延续到 2004 年，这几年总是出现吵架打闹……互相乱吵，吵到最后特别混乱。

这里面的事情要细讲的话，就很耐人寻味了。客观来讲，股份改造这个事情跨越的时间还是太长了，也太混乱了。

分完股份之后，当时我有一点儿先见之明，他们说给我 55%，我说我只要 45%。咨询公司说我如果只拿 45%，最后持有 55% 的人靠股权投票就能把我推翻了，新东方就要易主了。当时我说了一个特别豪迈的话，我说我要是靠股权来领导新东方的话，那我就没必要干下去了，即使一股都不给我，我照样能领导新东方。当时那种豪迈的气势特别充足，也特别自信。

那么我留下来的 10% 怎么处理呢？最终也没有分配到他们各人身上去。到底如何安排这 10% 的股份呢？我们就开会讨论，把大家召集到一起开会。我建议这 10% 的股份留给日后加入新东方学校的人才，给后人留下一些工作的动力。

我的想法就是未来的新东方一定还是要吸纳更多有才华的人加入的。这些有才华的人进来之后如果安心发展，并且作出了卓越的贡献，新东方一定要给他们分配股份的，所以我建议把这 10% 的股份留下来。

但是大家这个时候就觉得这 10% 的股份放在我手里不妥当，他们觉得放在我手里不放心，因为这样的话放在我手里掌控的总股份就是 55% 了。如果在某些问题上一投票，我就可以肯定或否定所有的问题了。因为从法律文件上来说，我的控股权决定了我的权力，无论如何我都是有 55% 的决定权的。

所以，尽管这 10% 的股份大家都公认是我代持的，但它放在我手里还是可以把其他的人都弄掉的，这样一展开联想，大家就互相有点儿不信任的感觉了，都担心最终在利益分配方面会出问题嘛。最后一致说把这 10% 的股份单独立出来，放在王强手里，由王强代持。这样的话，他们加起来能够得到 55%，权力对比的优势就不在我这边了，所以就出现了这么一个分股份的插曲。

一切准备按计划展开的时候，真正的问题很快出现了。新东方内部分完股份以后，大家就要把各自的项目合在一起奋斗了，这个时候就发生了一件很有意思的事情。

那个时候我有一辆小轿车，就是当年为了迎接徐小平从美国回来买的那辆帕萨特。但是，新东方其他的主要领导人员还都骑着自行车上下班，骑自行车就是为自己干嘛。并不是他们的经济条件不能自行买车，而是他们都是心甘情愿骑自行车上下班的。既锻炼身体，还比较潇洒，省钱，也很休闲。

在我们分完股份的第二天，能猜出来第一个提议是什么吗？是一次性购买11辆轿车！11个股东每人一辆，大家觉得现在既然在一起继续干了，我是老总，同时我又是校长，他们这些人也都是副总了，当然每人都应该有一辆专车了。这种情形有点儿像天下大定了，分封诸侯、论功行赏的感觉。

这个提议我同意了，新东方一次就买回来了11辆车，第一批提车的数量就很惊人，不是8辆就是10辆桑塔纳2000款的，都是在同一天提的车。那规模和气势确实很惊人，着实风光了一阵子。有了车以后大家反而不干活了，因为合在一起了大家不知道哪儿干活了，干了也不知道钱到谁的口袋里去。车买回来之后我就隐隐感觉到这个事情的苗头有些不对，这样干下去新东方很快就会垮的，但是当时已经没有回头的余地了。很快，其他的领导人也发现问题了，这个问题不是出在买车的表面现象上，而是在深层的心理因素上。

在争争吵吵中终于"悟道"

成立了股份公司，股份是分完了，分完以后就出现了一个新问题：个人的实惠看不到了。新东方既然成立了公司而且公司要发展，如果我们好好做，新东方说不定以后会上市——尽管我们根本不知道上市是怎么回事，但都知道只要上市就发财了。一鼓动，大家就说好啊，就股份制了！分了以后，公司如果要发展，就需要有利润，但是大家想一想，前面新东方的结构是什么？包产到户，把所有的费用成本都弄完了以后，利润大家全部拿走了。现在要有利润，就意味着现在不能拿走钱了。这就出现一个情况：突然发现个人的收入莫名其妙地没了，原来干一年到年底能拿三五十万，怎么现在干一年才能拿十万了？股份制不是应该发财的吗，怎么钱越来越少了？这是一。第二，大家发现，原来在自己的业务领域内什么事情都可以自己说话算数，现在不行了，为什么？有公司结构了，就得听公司的安排了。还有，原来我们这帮人是没有上下级关系的，他们一直感觉俞敏洪是他们的下属，因为我上大学的时候他们都是我的班长、团支书甚至老师，怎么公司一结构化我就变成董事长了呢？而且还兼总裁，他们都成了我的下属了呢？当然了，这还好说，因为不管我怎么没出息，毕竟是新东方的创始人，他们说，我是新东方的 father，他们是新东方的 uncle。但还是出问题了，知识分子嘛，都要面子，原来是不分类的，现在就要有副总裁、常务副总裁和一般副总裁了，有第一副总裁，还有第二副总裁……还有工资上也有区别了，总裁的工资总比副总裁高吧。

他们认为合在一起以后，先前的部门不归原来的人管了，等于说办成了一个公司，俞敏洪反而把这个公司全收回去了。我们只是拿到了一点儿股份，年底到底还能不能分红，谁也不知道，也没办法掌控了。那么这个股权到底值不值钱现在也不知道，又不能把利润全部分了，看起来这个事情有点儿雾里看花的样子。没合在一起之前，原来的利润全部都可以分下去，都进了个人的腰包了，现在却要留在公司。公司对利润有要求，新东方才可以进一步发展，这个道理都明白，但是现在看不到实惠了，所以大家心里就特别不踏实。

原先每个月大家都能领一笔钱回去，现在每个月除了领点儿工资以外，要到年底才能够考虑有没有分红的可能性。所以大家突然发现自己干的事情自己做不了主了，变成了公司之后都不知道从何干起了。一下子每个人都很失落，干劲一失落以后，就发现正常经营上好像也得不到保证了。因为刚成立公司，谁都不知道公司怎么运作，而且公司也没有直接的收入随时补充进来。虽然新东方现在改造了，但他们觉得好像上我的当了，表面上我在推动改革，实际上用股份把他们架空，然后把钱都装进自己口袋里了……

当时学校和公司确实是完全分离的两张皮，学校的法人代表是我，公司的创办人还是我。所以他们认为我用这样一个手段把学校全部留在了自己的手中，另外又办了一个名义上的公司。这个公司里面什么都没有，最后大家心里就特别不踏实。

当时就出现了一些小股东联盟的状态，这些小股东联合起来以后跟我进行不间断的斗争。但是他们进行斗争的目的也没有明确的要求，因为他们也不知道自己想要什么，我也不知道如何给他们需要的东西。当时公司还不能完全装进那个学校，因为它要进行变更得需要一个过程，国家规定学校本身是不能股份化的，所以这个公司当时确实存在一种空壳的现象。

那个时候完全是摸着石头过河，虽然目标就在前面，大家也清楚要达到这个目标，但是脚底下确实不知道应该怎么走，最后就是一路上磕磕绊绊地闯过来了。

当时国家的《民办教育促进法》还没出来，社会上也没有这方面的咨询，更没有这方面的指导，没有人和你在那儿探讨。所以就出现政策上的方向问题绞在一起，人事问题绞在一起，盘根错节，最后就出问题了。到最后大家就变成了互相之间总是不满意，总是争吵不休，但是又不知道怎么解决这些问题，由最初互相之间的不信任最后达到了某种意义上带着人身攻击的意味了。

事件发展、持续的整个过程，卢跃刚一直作为旁观者在边上看着，他在这里面起了一个重要的平衡作用，从他 2000 年进入新东方开始，就一直见证着新东方的成长、壮大。当时想让他写一部赞扬新东方奋斗精神的书，没想到一进来我们就开始吵架，卢跃刚一看我们吵架就来劲了，恰好这种现象也是他最关注、最想深入研究的。他说我要看看你们怎么吵，最后能吵到什么程度和结果。

在这个过程中间，卢跃刚确实是起到了一个调解、缓和的作用。因为我们吵架的时候，卢跃刚都坐在边上耐心地看着我们，大家都公认卢跃刚是共同的利益圈子外的知心朋友。那么大家也都知道，有他这样的一个人在边上审视着我们的一言一行，所以走极端的争吵倾向相对来说缓和了一点儿。但是依然经常有小吵，吵到最后，大家就觉得股份不值钱，认为我是用了一个巧妙的方法把他们给套进去了，当时很多人都是这样想的。

其实，我的心中就是真诚地希望大家一起合作，把这个事情干得更好一些。但是这个道理互相是讲不通的，讲不通后来就没有办法了。最后我就无奈地说，把我的股份通通送给你们，我不做了，就是说我也不要钱了，把我持有的股份全部平分给你们，我离开新东方。我说我可以到上海或者到广州，自己再去开办一个学校，我可以不叫新东方，和新东方斩断一切联系，从零做起。

他们就商量了我的这个提议，商量以后回来告诉我说，老俞，你的股份我们谁都不敢拿。因为拿完了我们肯定互相还得吵，因为我们也不知道新东方下一步应该怎么做。

我看到他们对股份的顾虑还是无法释疑，他们还是认为这个股份不值钱。我也不知道用什么办法才能消除他们的顾虑，我分析了一下情况，觉得如果将股份和现金挂上钩也许就能彻底解决这个问题了。我就说："这样吧，你们把股份都卖给我，我按每1%兑现100万元现金的价格向你们购买。"

当时他们是上午9点钟开的会，我的限定时间是下午5点整，5点以前凡是愿意把股份卖给我的，我都支付现金。不过，当时我的手里也没有这么多的现金，我就向周围的几个有钱的朋友借，结果这些朋友都同意借给我周转。

现实情况是这样的，如果我真的买入10%的股份的话，就等于是掏出1000万的现金，这个数目在当时是十分巨大的一笔钱。当时新东方的注册资金就是1000万，等于是我再用一个亿买回来。注册资金基本是我拿的，虽然他们后来也拿了一点儿钱，但是数额很小。等到后来大家都争吵得不可开交了，我说我把你们的股份都买回来吧。那么等于说为这个公司定了一个价，也是为股份定了一个价，1%对应着100万。这个价格就是在那个时候、那个环节做实的。一旦我开出了这个条件，这个价就成了，就意味着拿到的股份不再是空壳，就意味着以后任何时候，每1%的股份想卖都能卖到100万。

后来整个学校的净资产已经是一两个亿了，如果我把股份购买下来的话，这个学校的净资产就等于是我留下来了嘛。我再挂靠到公司里面去，等于说这个公司的一亿股的价值就做实了。

同时我也说明了，我就等到下午 5 点整，5 点以后你们想卖给我，我都不会再买的。所以他们又去考虑，那一天，我们中的另外几个股东觉得还是在一起干比较好，这样子大家都很开心，因为觉得这个股份挺值钱的嘛。我们几个中午还跑到大觉寺喝茶去了，好几个人聚在一起，大概是五六个人一起吧。因为总共有 11 个股东，当时就我们五六个人在一起喝的茶，其他的股东也都知道。他们也清楚今天下午 5 点钟以前把股份卖给俞敏洪，1%就是 100 万的现金。

喝茶聊天，喝到 4 点半的时候，我问他们到底卖不卖？结果他们说："我们不卖，我们也不要你的股份，我们也不卖给你。"那我说我们这样下去不行呀，没有个结果下一步怎么做？他们说："既然股份有了一个定价了，我们就再慢慢琢磨到底怎么做吧。"

不过，他们又说："通过这个事情的前前后后，我们知道你是没有领导能力的，所以，还是让我们中的某个人来领导吧。"这就等于说，除了我还在董事会之内，其他的很多方面我就受限制了。因为我是大股东嘛，我还可以在董事会继续待着的，但是总裁办公会我就不需要参加了，没我的份儿了，校长办公会也没我的份儿了。他们开总裁办公会、校长办公会的时候，我是不能进去的，他们在里面研究事情，我等着执行办公会的各项决议就行了。后来连北京新东方学校的校长都不让我当了，我就变成了北京新东方学校的一个国外考试部主任兼国外考试部老师，天天背着个破书包去上课。

就这样，股份的事情就过去了，王强取代我，坐上了董事长的位置。后来王强也当了总裁，再后来又有另外一个人接任了王强的位置，就这么连续换了几任，一直持续到 2004 年。

这种将帅易位的情形我是同意的，因为我觉得这样换换人、换换头脑的结果也不差到哪儿去，说不定别人的闪光点会为新东方带来更多的活力。就是说新东方依然保留我的股份，然后我辞去相应的一些职务，认认真真地去教书。如果他们能把新东方经营好，那就继续经营，经营不好呢就让我再回来，也没有时间限制。我的想法就是说如果他们做好的话，我就一辈子不当董事长，也一辈子不当总裁，没有这些职务都没事儿，只要我还在新东方就可以，还能继续教学就可以，当时基本上就真的是这么想的。

但是，他们后来发现，新东方处处都是我的影子，越过俞敏洪根本就不可能，大家经过体验之后就是这种感觉。实际上，我也不指导他们怎么做，也不便于去告诉他们应该怎么做，是应该这样做还是应该那样做。那一段时间我就天天背着书包到教室里去上课，讲完一天的课就没了当天的心事。这段时间我心里肯定是有很大的失落感的，被冷落、一种成为局外人的感觉肯定还会有的，就觉得当初我把这帮家伙拉进来是不是错误的，有那么一段时间我真的是后悔死了。思想斗争的结果就是认为当初真不应该把他们叫过来，没想到出了这么一个结果，因为我当时根本就看不到前途，也看不到下一步发展的方向。

但是有一点我知道，大家都不愿意离开新东方，因为都知道新东方日后的发展潜力还是巨大的，大家还是都很爱惜新东方这个事业的。我们当时做了一件特别默契的事情，所有吵架的事都是关起门来内部争吵，在面向学校的老师的时候，我们还是表现出无比的团结，是一个积极向上、亲密无间的领导班子，当时身边的老师根本不知道我们在吵架。

当时吵，主要是一些小股东联盟跟我吵，而且这些小股东联盟还老是变换阵营。比如说有的时候是王强跟徐小平站在一起，在另外一个问题上，王强又跟我站到了一起，在其他的问题上，我又跟新东方的另外几个人站到一起，联盟阵线特别乱。

所谓的争吵实际上是在争论，无限地争论，表面上是为了新东方的前途，实际上是为了各自利益的保证，基本上都是这个关键原因。争到最后一直没有结果，根本就没有谁对谁错的定论，各执一词，谁也说服不了谁，总之就是乱套了。

到了这个程度，那么原则上就应该散伙了，没散的原因就是因为背后新东方还在蓬勃发展。普通的老师肯定都不知道这一事件的实情，当时新东方的业务还以每年百分之四五十的速度递增。所以，学校欣欣向荣的背后，谁也没发现矛盾正在内部悄悄地积累着。

我们都知道任何经营管理中为吵架付出的成本都很高，新东方也不例外，精力放在了内耗上，必然会在其他方面有所减少。但这个吵架的成本新东方还付得起，就是这样一个概念。

当时的运营班子实际上就是我一边吵架一边还管着老师们，就是我面对老师的时候绝对不会让老师们知道我们背后在吵架的事情。通常我们白天吵完架，晚上还会在一个团队里出去做演讲，一演讲就是同学之间那种亲密无间的关系，共同做大、做强新东方的自豪感，就是这种感觉让我们这个团队没有分裂。所以不管谁在重要岗位上，都还是做了一些积极的、有利于大局稳定的事情的，但是当时吵得真的是很厉害的，到最后已经发展到有一点儿水火不相容的味道了。

后来总裁的位置就在他们中这么转啊转的，就这么吵啊，转啊，来回往复，迎来送往的，大家都很不开心，这种情况一直持续到了 2004 年。

到了 2004 年的时候，当时的新东方总裁既不是王强，也不是徐小平了，而是另外的一个人。做到最后，不管谁上来，做的事情大家都不满意，不满意最后的结果，就想把他推翻。推翻以后，无论曾经在位的，还是下野的，他们都说，董事长、总裁这活儿都不是人干的事情，谁上去谁倒霉。

我当时还占了 45% 的股份，但坦白地说我不想动用这个权力。我当时有一个比较清晰的思路：我们吵归吵，但谁都没有伤害新东方业务这一块儿的重大发展，也就是说我们的员工不知道我们吵成这样，完全不知道。我下来就下来了，但是我们要想办法把新东方弄好行不行？我觉得我们这一帮哥们儿在一起不容易……

最后我们这一帮人做得还是挺不错的，大家都耐下心来，虽然也吵架也争论，但最后慢慢有了那么一点点的融合。到 2004 年底的时候，新东方的整改基本上结束了。从 2002 年到 2004 年，新东方的总裁和董事长都是别人在当，他们轮流当，轮流坐庄，一个人上去做了几个月之后就说，这位子不是人坐的！就换了一个，换上去做了几个月之后又说不是人做的……到了 2004 年底的时候，终于又回过头来说，老俞啊，这个董事长和总裁，发现没什么意思，还是你回来当吧！我说，回来可以，但我们得有一个规矩了。我非常尊敬我这帮朋友，也特别怕他们，因为他们一讲话滔滔不绝，还全是引用西方思想之类的，我就特别自卑。我说，你看我们不容易，闹了这么多年还没散，让我上来也可以，但是为了保持新东方的稳定发展，两年之内不要再让我下来，好不好？

有话就要说而且要当面说

这四五年我跟这几位创业伙伴的关系确实很紧张，虽然我们也在一起吃饭，也在一起聊天，还在一起吵架，也觉得里面有了很多隔阂，但是我们仍然没到不可挽回的程度。大家在一起合作创业的时候，可以在里面当着面指着鼻子骂，但一出那个门，大家说的全是好话。新东方就是这样的，我们把办公室的门一关，在里面吵得死去活来，掀桌子，摔东西，但一出去演讲，学生们发现我们就是天衣无缝的哥们儿关系。因为你当面把话说完了，背后就没什么好说的了，所以很少会在背后再去说坏话。这一点很重要，尤其是大家长久在一起的时候，一定要注意这一点。大家还在新东方干着自己愿意干的事情，领着新东方的工资，到年底就是拿点儿钱分红，还是有点儿工作乐趣的，大概就是这样的。

那么吵架的时候有没有撕破脸皮说的话非常难听的情况呢，这种情况还是有的。有的时候争吵基本上有向这个交恶的边缘靠近的危险，但是大家都没有真正撕破脸皮。之所以有这样的顾忌，最重要的原因之一是我刚才讲的，卢跃刚坐在边上看着我们，听着我们争吵，所以谁都不敢太野。我也不敢太野，野了之后的结果肯定是不妥当的。因为我们都知道卢跃刚是个作家，他来新东方就是要写新东方的，不管我们怎么吵，我们的言行都会在他的书中如实地被反映出来。

最后的结果是，这本书出炉了，卢跃刚基本上如实地记录了新东方这一段时期争吵的历史，就是这样的。所以在我们没有彻底交恶这一点上，我还是很感激卢跃刚的，我觉得他潜移默化地挽救了新东方，没有让新东方的领导团队决裂。因为有一个来自外部的观察家坐在边上，大家就不敢太放纵自己的言行。那个时候我们吵得那么激烈，从中国的公司争论到世界的公司，从现代社会上溯到历史范畴，争吵的内容和领域也无限地增大。我们一吵架，都能吵到尼采、黑格尔、叔本华的理论上去，通过引用文学的、哲学的理论来指证对方的不对，都是各持己见，谁也没有绝对的优势能说服其他人，让别人的思想服从自己。

改革其实就是心态的改革

当时王明夫对我们说："我们不干了，你们这帮人不行，你们纠缠的这个争论，完全是没有头绪的。不按照商业规则办事，没有冷静的理性，不遵循商业原则，不遵循董事会规矩，天天讲哥们儿义气，讲朋友与朋友的情怀，充满怨恨，我没法弄，真的没法弄了。"说完就走了。

他走了以后，大家又琢磨一下，认为这个项目没人咨询也不行，说我们还得另请高明。这次请的是普华永道，然后又来了一帮专家，进来以后也是信誓旦旦地说，你们新东方这种小事情太小了，我们肯定能帮你们搞定。

于是我们就跟他们定好了，150 万人民币把咨询事宜做完，把新东方的结构组织全部理顺，人员全部正确到达各自的岗位。但是他们没有预料到的是，组织结构和人员理顺这个环节好弄，但是人的心态不一定能及时转得过来。改革其实就是心态的改革，不只是结构的改革这么简单就能实现的。

比如说中国社会的结构，你要改革，一夜之间就可以制定出改革的方案。真的实行以后呢，人们的心态能不能转到那个结构上去，这才是最重要的，原因就是很多人的观念转不过来。普华永道来到新东方之后，也搭了一个类似的结构，然后就告诉我们这个结构怎么展开，怎么实行，结果谁也不愿意进入那个结构中间，然后我们又开始了无休无止的争吵。

连续争吵了 3 个月以后，普华永道说："钱我们不要了，对不起，我们很遗憾，我们要离开了。"还说："你们新东方肯定跳不出来这个死结了，凭着你们这一帮人，一点儿理性思考都没有，天天讲着情感，每天一闹就开始哭，哭完了以后就开始互相指责对方，我们实在是无能为力了。"

事实上，我们在争吵最严重的时候，经常四五个人在一起号啕大哭。因为大家谁都没有两全其美的好办法了，相互间又难以割舍这份多年的情谊，就这么大哭发泄，特别好玩儿。

最后普华永道也跑掉了，这一下就完了，没有任何人帮着设计公司结构了。

慢慢地大家吵架也吵累了，每个人都待在自己的位置上，该当的班也当了，最后发现有的职位真不是人当的，也开始主动往下退了。董事会的章程也慢慢成形并落实到位了，最后大家也认可形成一致意见的重要性了，不管这个意见多么不理性，9个董事会成员，只要5个投赞成票就必须通过并执行。这个得票慢慢都清理出来了，董事会的正常工作渐渐有了起色。哪怕是最没有希望的事情，只要有一个勇敢者去坚持做，到最后就会拥有希望。

最后公司的结构是我和其他领导人一起慢慢摸索着设计的。由我牵头，慢慢摸索着，分几步把股份做实了，又把分红做实了，把学校和公司的关系也理顺了，一切都向着稳定和谐的方向发展了。

到了2004年，我又重新回到董事长和总裁的位置上。这个时候呢，大家已经失去了吵架的动力了，也失去了吵架的热情了。

我知道我注定还是会回到这个位置上的，是必须回去的。因为大家一开董事会，董事会的人就说，现在没人当总裁，也没人当董事长了，谁去当，肯定还是俞敏洪嘛。因为大家觉得还是老俞回来比较有把握，可以平息各方面的不满。

调整心态还得靠时间，时间一长相互之间的棱角慢慢都磨平了，就是等待的时间挺漫长的。从2002年普华永道进来，我等到了2004年，在等的过程当中，大家一起交流，一起慢慢地认同一个全新的结构。这个结构也不是普华永道搭建的那个结构，因为普华永道搭的是一个非常激进的结构，大家还是接受不了，而我实行的是一个循序渐进的结构方式。

但是，由于有前期的王明夫和普华永道的介入，我们也算是了解了这里面的一些规则和程序，有了一点儿经验，而我也明白了很多。也不能说立刻就明白的，是在这两三年当中，我慢慢明白了一个商业化运作公司的结构应该是怎么样的，这几年沉在下面教学的时间反倒是帮我弄明白了这个事儿。咨询对我们确实起到了引导作用，但是两个咨询公司最后都是不要钱就走了，普华永道好像拿走了 50 万。最后他们说都不要钱了，因为我们这些人他们实在受不了了，他们的建议我们也不采纳，最后他们都撤了。

不管怎样，新东方的股份制改造还是成功了，改造期间就已经有几个外部资金想要进入新东方了。

做任何事都要有把握有分寸

新东方的结构改造终于完成了，虽然前几年大家拿的钱不如股份改造前拿得多了，但是外面来的人对新东方的股份定价还是让大家看到了这个价值。当时新东方的内部人员基本什么都不懂，我们就决定吸引外面懂行的人进来，把股份出让一部分。我们找啊找，最后在 2002 年的时候，找到了一家养猪的上市公司。这个老总还挺懂企业经营的，从 1 头猪养到 60 万头猪。当时，我们新东方开的价格很低，内部定价是 1% 对应 100 万，10% 就是 1000 万。新东方注册资本是 1000 万，等于新东方就值一亿人民币。我们还谈论说外面的人进来我们是不是要加点儿价，就加到了 1600 万，给他 10%。那个老总还是很高兴地接受了这个标准，他说："新东方名气很大，1600 万占 10%，我干了！"拎着现金就过来了。过来以后，他说这个钱给你们之前我要参加你们的董事会，看看你们董事会是怎么议事决策的。结果我们董事会从早上 8 点开到晚上 12 点半，讲的只有两个议题：人生和哲学。这个养猪企业的老总当时就懵了——新东方的董事会怎么是这么开的，这个钱给你们还不泡汤了？！接着就拎着钱跑了。

后来到了 2003 年，有一个个人投资者又提出要投资新东方。我们说我们涨价了，不能那么便宜了，我们 10% 应该要 2500 万人民币了。人家说 2500 万人民币没问题啊，接着也来开了一个董事会，那个人也懂黑格尔和尼采，但是后来他说你们为什么不讲亚里士多德？你们怎么把商业经营跟文学、感情纠葛、弗洛伊德、潜意识都放在一起了！你们这些董事还用潜意识分析俞敏洪心地本身是多么的不善良之类的，真是无奇不有。最后把那个个人投资者也听火了，这个投资者也走了。

2004 年以后新东方的经营基本上就比较顺了。因为 2004 年 10 月份我重新回去就任总裁以后，大家就正式作了一个吸引外资的决定。当时已经有国外资本来中国寻找对教育领域的投资了，而我们的公司结构已经搭好了，吸纳投资的条件也具备了。到 2005 年的时候，我们从吵架中意外收获了一个好处，就是从 2001 年开始的争吵，使新东方的财务制度全部正规化了，这是个意外收获。

其实根本原因是什么呢？就是相互之间对管财务的人都不信任的结果所致，他们说这个负责财务的是俞敏洪的人，要帮着俞敏洪揽点儿钱不是挺容易的事情吗？所以很有意思的是，在公司结构还没搭好，心态还没调整过来之前，做的第一件事情就是公司财务开始透明化，全盘透明。

等到 2004 年底的时候，我们已经有了 3 到 4 年的新东方完整、透明的财务报表放在那儿，随时可以查看的。所以到了

2005 年，有国外资本来找我们谈的时候，健全的财务结构就已经全摆在那儿了。所以国外资本一看，OK，财务很清晰，没有问题，可以合作，两个星期就把钱打进来了，所以吵架也吵出了这么一件好事儿。当时的这个外国资本就是老虎基金，老虎基金看了我们的财务报表说，这个钱我们可以随时进来，连账都没查，10%，3000 万美金就进来了。

老虎基金的主任是我在北大的一个女学生。我这个人一碰到女的，就一点儿辙也没有。但更重要的是，因为是自己的学生，所以她能跟你讲知根知底的东西。她对我也非常信任，因为她从学生开始到后来出国上托福班都是我教的。她就说，俞老师，我对新东方不了解，但是对你很了解，知道你是一个很好的人，所以新东方 10% 值多少钱，我们就给多少钱。当然，我们不能开天价，我们开了 3000 万美金。这 3000 万美金第二个星期就打到新东方的账户上了，新东方从此就开始了国际化的运作过程。先进钱，后审计。后来新东方上市以后，他们赚了几亿美金，这就是新东方整体的一个融资过程。

当时我们的现金流应该是非常好的，2005 年的时候已经接近 6 个亿的总收入了。为什么还要吸引投资呢？因为大家想上市嘛，到了 2005 年的时候，大家知道在国内上市需要的时间太长，另外就是国内没有民办学校上市的先例，不太容易上。我们了解了一些海内外的上市情况，那么大家就决定改变方向，说要上就去海外上市，而且一定要选择最好的交易所上市。当时我就顺应了大家的这个想法，因为我觉得在里面吵得没劲，大家都赞成上市也是个好的发展方向，所以我就开始研究公司上市。

到了 2005 年底的时候，国际资本就已经进来了。这个时候我又发现自己不太想上市了。2004年到2005年的时候，我没有别的想法，认为上市反正就是赚钱，当时浅薄的想法就是一上市大家就立刻赚钱了，美金就拿到手了，我也不需要承担任何责任的，就是这种特别浅薄的对上市公司的认识。

当时不吸引外资是不行的，原因是这样的：第一，如果没有外来资本，我作为一个中国本土企业到美国去上市，很明显美国的投资者会不太信任我，而且这个领域还没有先例。2005年百度还没上市，在美国纽交所上市的中国公司还很少，除了一些国有企业以外。新东方是第一家在美国纽交所上市的民营公司，之前另外10家上市的全是国有企业。第二，外来的资本一进来，就表明对新东方的发展十分看好。海外上市就好说了嘛，首先就是表明了这个公司是有良好的发展前景的，这个不用我多解释了。我搭建海外结构就要有外来资本，没有海外结构，我就必须得到海外去成立一个公司，因为它必须要海外结构和国内结构相契合以后，才能拿到海外去上市。中国的公司自身在美国是不能直接上市的，一定要在国外搭建一个海外结构再过去。这样的话，很明显地，这个资金就必须引进来。

另外，定价的问题，当时新东方的股份不是留了10%吗。新东方的股份发放的时候，每股才2块钱人民币。老虎基金进来后的定价是什么呢？是2美元一股。2美元一股就等于16块钱人民币，这就相当于现在的一股由2块钱一下变成16块钱了，翻了好几倍，大家当然很开心了。而且老虎基金的人还说，你们个人想卖的，我们还继续收，有多少收多少。当然每个人都不想卖了，因为大家突然觉得这个东西挺值钱的，就不舍得卖了。大家私下里一算，都变成了有钱人了。那个时候虽然还没上市呢，但每个人都知道，剩下的就是时间的问题了。

2005 年我开始研究公司上市的程序了，这就必须请 CFO 了，请有上市经验的专家来指导我们，帮我们搭建新东方上市的财务班子、咨询班子和引进审计这些过程。最后我越研究上市公司越心虚，我真的有些不想上市了。因为我发现了一个真理，就是上市以后，谁都可以卖掉股票自由跑掉，就我不能卖股票，也跑不掉。

这是什么概念呢？因为美国的上市公司在上市以后，只有 3 个月的锁定期，这期间限制交易。锁定期结束以后，谁都可以自由买卖股票，我也可以卖，但是我是被限定性地卖。另外，就算我可以卖股票，但是我是新东方的董事长和老总，我就等于被锁在这个机构了。我一动，所有的股价以及股票持有人的利益都会受到影响。别人都可以卖了股票离开，只有我不能离开，当我发现这个问题以后，我对上市就有点儿失去热情。这个时候，即使我不想上市也不可能了，我已经挡不住上市的力量了。因为谁都会算的，就是说按照以前的分配方式，比如说年底分红，分 10 万，然而上市了，一下子就变成千万富翁，甚至有几个还能是亿万富翁。这种期望就不可阻挡了，也没法不上市了。

当然他们也会说，老俞，为什么不上市呢？上市了你是最有钱的啊。我说上市了我是最有钱，可是我还得在新东方干 20 年，我还得继续卖命 20 年。如果今后的 20 年年年分红的话，凭着我 45% 的股权，我说不定也分到同样的钱呢，没必要走上市这条路啊。

后来国际资本一进来，上市的呼声就更强烈了，因为国际资本更想上市。国际资本的人加上内部的这些股东的力量，最后的结果是，一致同意上市。我的 45% 的股份已经反对不了那 55% 的决定权了。谁要挡住上市，谁肯定就倒台了，而且当时我对上市也还是有新鲜感的，内心还是挺期望上市的。因为觉得自己能把新东方做成一个海外上市公司也是挺自豪的，也有上市的渴望。

前期开始引进审计、财务、公司治理结构，这样一些上市前的准备工作，就很自然地进行了。我也开始研究大量上市公司的案例，也看过很多这方面的书，已经知道这些程序了。

新东方的公司结构很明显地已经有了，上市还需要请 CFO，我必须找一个合格的 CFO。千军易得，一将难求。当时三个应聘的 CFO 都在美国，我就飞到美国面试他们，从中挑选一个最合适的。我对他们的要求就是，每人跟我住一天，跟我住一个房间。我试着从各方面了解他们，跟他们聊，天南海北地聊。我们住在一起聊天的时候，话题很丰富，什么都聊到了。我要考察的不仅仅是他们的能力，还有他们的人品，通过聊天我就可以知道他对各种事情的态度和立场。最后我就挑选了一个特别优秀的，也是我最满意的。他到现在还是新东方的 CFO，当时他只答应跟着我干两年，我们合作得非常愉快，现在已经是第六个年头了，他还在新东方。

我是怎么看好这个人的呢？这也是我观察到的，比如说我请他跟我的家人一起吃饭，他吃饭时第一个菜就是夹给我的孩子，我觉得这个人很爱孩子，而且知道轻重。然后再跟他一聊呢，就知道他对中国很熟悉，了解中国的国情。他的背景又特别好，斯坦福本科毕业，哈佛大学 MBA，然后是伯克利大学法学博士，还是个华人。他一岁就到美国去了，我和他聊天也是看他的气场跟我对不对，我们两个在一起不到半天的时间，就开始互相说黄色笑话给对方听，我就知道这个气场对上了。

他一句国语都不会讲，但是会讲闽南话，他的父母是闽南的，但是却不会讲普通话。CFO 本身就是用英文工作的，这不妨碍我们沟通和交流。因为一个上市公司是需要这样一个人的，他是内部财务的主控制人，实际上是叫主会计，或者叫作财务总监，对外叫 CFO。所以 CFO 只有上市公司才有，不是上市公司的财务主管也叫 CFO 的，那纯粹是把财务总监封了一个 CFO 的头衔，张冠李戴而已。他和一般的财务总监的工作是有分工的，当时我就知道，我内部的财务总监的能力达不到上市公司 CFO 的要求，所以一定要外请。而且当时老虎基金的人，来面试了我内部的财务人员以后说，我的财务人员还不够上市的水平。

这样一来，最后就是外请人才，那这个人才的报酬就会高得多。后来我发现，这个人一进来，很多事情完全不用我操心了。很多事情，比如刚才我说的请审计也好，请外面的同行也好，请承销商也好，基本上不用我操心了，只要我拍板就可以了。五个承销商来面试了以后，他说俞老师，你选哪一个？我说你选哪一个，我们都同意，反正都差不多，你看上哪个我们就选哪个吧。他就给我推荐其中最优秀的两个，然后我们就选了那两家。

到了 2006 年的时候，我们原计划是在 11 月份左右上市。但是，计划没有变化快，8 月份我们的材料刚开始准备的时候，中国的相关部门就出台了一个文件，说未来中国的企业如果到海外去上市，必须六部委联合签批，截止日期是 9 月 8 号。我们当时考虑即使过了 9 月 8 号，我们的各项条件和指标在海外上市也能上，不存在问题。但是，我们真的要上的时候，面对六部委联合审批手续和过程就复杂烦琐了，审核到我们这儿就不知什么时候了。所以我们在 8 月 10 号就作出了决定，把上市的时间大大提前，定在 9 月 7 号上市。

这个时候，我们连招股说明书还没写出来，全部是连夜加班赶出来的。那段时间我一个星期几乎都没怎么睡觉，天天是招股说明书的事情，投行和我的 CFO 他们一起做。做完以后，我得阅读，我得仔细看，关键的地方我得认真看，还得有修改意见。

新东方的上市文件准备工作每天以上百页的速度向前推进，我的阅读速度从来没有这么快过。一本厚达 200 多页的招股说明书，我几乎每天读一遍；新东方的原始财务数据，每天以几万个的速度在进行合并，由于财务自动化系统还没有到位，每个数据都必须进行人工核对；各种法律文件像雪片一样飞来飞去；专业的国际审计人员如狼似虎般紧盯着新东方的一举一动。这一切，迫使我的神经到达崩溃的边缘——不仅仅是因为工作的繁忙，而且是对未来的恐惧。

自从创办新东方以来，我一直做的都是自己有把握的事，而这一次，我不仅没有把握，而且连头脑都摸不着。真像是开玩笑，一个连 1/2 和 1/3 都分不清的人，居然要面对几万个数据给全世界的投资者讲故事。我第一次感受到了什么叫黔驴技穷，但是箭在弦上，不得不发，只能硬着头皮上了。

我的招股说明书一稿打到美国证券委，跟美国证券委说明了时间紧迫的情况，要求他们 3 天以后把提问打过来。对方工作也很有效率，5 天之后信息就反馈回来了，提出了 30 个疑问，因为美国证券委必须认真研究我们的招股说明书。

美国证券委对先前的一家中国上市公司就曾提出 140 个问

题，对新东方只提了 30 个问题，这个情况就表明了我的 CFO 的确厉害，他做的招股说明书已经基本解决了对方所有的疑问。他了解美国，知道美国的 HEC 就是个证券委，预计到他们会提什么问题，事先把这些问题都设计好了。对反馈回来的 30 个问题很快就答复了。我们再转回去，对方第二次就只提了 4 个问题。等到我们第三次递过去，对方就没任何问题了。美国方面说，允许新东方上市，你们自行定日子吧。

一切工作都在紧锣密鼓的准备中。8 月 23 号，我们到香港开始路演。路演就是跑到全世界各地，给有投资意向的人描绘企业发展前景的动人故事，让大家相信我们，从而产生购买股票的冲动。我们计划一直演到 9 月 6 号，最后的地点是到纽约，然后在 9 月 7 号定价上市。路演的时候我们心里还有些没底，因为 8 月底到 9 月初是国际上投资人休假的时候，他们全在法属波利尼西亚、格米亚海滩上晒着太阳，洗海澡呢。我们有点儿悲观地说，路演的时候，这个股票买的人不会很多。

当时老虎基金定的 2 块钱一股，我们是绝对不可能以 2 块钱一股到纽交所上市的。所以我们定价的时候，就把四股合成一股。四股合一股就变成了 8 块钱一股。有某些上市公司老总和承销商在网上对骂的事情，我知道他们为什么对骂。因为这个承销商，他唯一要做的是把公司的股票卖出去，卖出去他们就能赚钱。如果我们把股票价格定得太高了，他就有可能卖不出去，那么他们就一分钱都拿不到，前面的工夫就全白费了。

其实我们新东方当时到香港去的时候，投资银行定价就是 8 美元，他们说定高了，担心到时候卖不出去。他们说我现在的财务，前半年利润没有增长，后半年他们也不确定我们的利润能不能增长，你让我们定这么高的价，怎么卖得出去。结果投资银行把新东方价格定得很低，每股10美元都不到，他们的理由是这段时间由于是美国劳动节，华尔街投资者都在休假，没有多少人会买新东方的股票。这样轻蔑的说法让我很愤怒，我背起背包就准备回北京。最后投资银行不得不妥协，把价格定在了11—13美元。

他们还是对我们不放心，我就跟我的CFO讨论。CFO说只要我能保证后两个季度利润增长，剩下的事情他负责跟他们谈。我说我肯定保证利润增长，因为我知道，我前面的两个季度把拖后腿的包袱全部清理掉了，后面两个季度是一定能赚钱的，当时我是有这个把握的。最后他们就谈，谈到最后从11美元开始路演。但是我的希望是能卖到13美元，这个想法没实现，然后我们就开始路演了。

我第一次站到讲台前竟然有点儿害怕，不仅因为不懂得如何路演，而且对自己蹩脚的英语口语感到恐惧。一个以英语培训为主业的公司，创始人居然讲一口"第三世界"英语，多跌份儿啊。但由于没有任何人能够代替我的角色，所以我再次硬着头皮上，居然赢得了一些掌声和笑声，给我平添了不少信心。到后来居然达到了我想说什么就说什么的境界，好在新东方团队的另外两位成员在我身边，帮我补救。他们分别是新东方的CFO Louis和财务总监魏萍。Louis是典型的高智商又极通世故的人，口若悬河，有问必答。他多年投资银行家和律师的经历"能把死人说活"，而魏萍又是个天不怕地不怕的女性，结果我们三人搭起一台戏，居然唱得有声有色。最初我们只打算有4倍左右的认购量，但到路演结束居然达到了40多倍，被华尔街认为是路演最成功的中国企业之一。

香港是路演的第一站，当时我们有个比较低的心理预期是最多能有 10 个人来就不错了。前面说过，这个时间不是一个路演股票的好季节，所以我们的期望不是很大。乐观地估计最多能有 10 个人来就很好了，就是投资商来看看，基金管理人来听听。但是那天的现场竟然来了 100 多人，大大超过了我们的期望。来的业内人士还真不少，证明有很多人都在关注新东方的股票，这么一来我们心里就有底了。再一看，其中一半曾经是新东方的学生，基本上都成为社会精英了。我在上面讲了一小时，用英文讲的。我讲完话走下来以后，他们根本就不问新东方的股票到底可靠不可靠，上来就是："俞老师，能给我们多少股？"

看到有人认购了，我当时就很开心，所以答应得就特别慷慨。不管 100 万股，还是 200 万股，我全答应了。不过这些都是口头答应的，并没有真正签合同。如果签合同的话就不一样了，我估计他们当时也不敢真的签合同，因为他们签了就要购买。在香港一站，我们当时的融资目标是 1.3 亿美金。事实上香港一站就有 2 亿多美金认购了，大家的心里就都有底了。按照这个路演效果，到新加坡就会有 5 亿美金了，各个地方走一圈，最后到美国转下来，最少是 60 亿美金认购新东方了。

我们路演的一路上有辛苦也有快乐。在香港两天后，我们飞到新加坡。在新加坡两天后，我们晚上又飞回香港。原定从香港机场直接飞到美国旧金山，结果由于晚点，被迫在香港再住一晚。飞到旧金山后又马不停蹄飞到洛杉矶，从洛杉矶再飞往丹佛，从丹佛飞往巴尔的摩，从巴尔的摩到纽约，从纽约到波士顿，从波士顿到芝加哥，从芝加哥再回到纽约。每天基本上是午夜 12 点后进酒店，早上 6 点多就起床。每天要见十几批不同的人，和每一批人都要充满激情地讲同样的话，最后我看见人就能激情四射的演讲下去。路演中最让我惊喜的是，很多基金经理都曾经是新东方的学生，让我省去了很多介绍新东方历史的口舌。当一圈路演结束回到纽约我再也不愿意走了，Louis 和魏萍居然还兴致勃勃走了一趟伦敦。尽管辛苦，这一路也有快乐的插曲，我们曾经坐了一个小时的船在大浪中看金门大桥，在旧金山街头猛吃沿路叫卖的螃蟹，在街头碰上很多在新东方上过课的学生，还坐在飞机驾驶舱里看飞行员把飞机拉上天……

所以最后定价的时候，我就说这个价格不行了，最后定的价我开到了 15 美元。我的 CFO 分析得比我就更加有逻辑、更大胆，他说这个价定在 17 美元没有任何问题。后来我说，算了吧，给投资机构和基金公司让点儿利吧。我也不知道开盘以后到底会值多少钱，别到开盘的时候跌破发行价了，那样就难堪了。

9 月 6 号晚上，终于正式确定了上市销售的价格。由于需求旺盛，我们要求提价，在一番讨价还价后，最后确定为 15 美元一股。紧接着就是把股票分配给谁的问题，投资银行的人有很多重要客户，僧多粥少，于是展开了激烈争夺。我抱着看热闹的心态站在一边，反正卖给谁都是卖。没想到最后我的电话也接连响起，一个接一个，这个电话说我曾经是你的学生，能不能多分配点儿，那个说我曾经坐在你上课的第一排，能不能照顾一下，吓得我赶紧把手机关上，然后傻笑着看 Louis 脸红脖子粗地和人争夺配额的分配权。那天晚上我的手机就不敢开机了。为什么？从香港这一路过来，基金管理人几乎全是新东方的学生，一到晚上打电话要股份的人就排起了队。最后我就只能说这个给 3 万，那个给 5 万了，最后就变成了想要也要不到了，因为上百个基金公司在那儿排着队等着购买呢。

这一天，新东方的初创元老徐小平、王强、钱永强和新东方另几位副总裁都到了纽约，等着参加第二天纽交所的新东方上市仪式。

我担心第二天开盘后，股价会不稳定，如果下跌得太惨，我就觉得会对新东方后续发展产生不良影响。比如说大家兴高采烈地买了我的股票，第一天就亏本了，后面他还会继续买我的股票吗？当然不会了。所以，这个忧虑一直到开盘后才逐渐打消。

而且当时还有一个有利之处是，新东方个人持股的都没有主动卖的，卖的全是增资股，就是卖的是新增出来的股票，新东方的老股票没一个人跟着卖的。因为当时上市非常紧急，有很多新东方的元老也想跟着卖。后来我说，大家都不要卖，就是谁都别卖，我也不卖。这样的话，干干净净用新股上市对大家都有好处。

上市那天是 9 月 7 日，大家还是蛮快乐的，早上在纽交所开市敲钟的时候，我们是先进去跟纽交所的总裁吃了早餐。我们原来有过一面之缘，大家也算老相识了。因为新东方的人都能讲英文，所以双方的交流就不存在障碍。我们互相交换了礼物，所有的人都挺开心的。我们 7 点半来到华尔街的纽交所门口，看到印有新东方 logo 的巨幅横幅已经高高挂在纽交所的大楼上。在图标下面，中国国旗迎风飘扬，美国国旗在左，新东方旗帜在右，心里还是挺激动的。在纽交所周围到处都是荷枪实弹的警察。原来自从"9·11"之后，美国人害怕恐怖分子袭击，不允许人随便靠近纽交所大楼。我们经过了两三道关口才进入纽交所，纽交所的官员已经在等候，大家一起寒暄照相，又看到一些中国领导人的合影也挂在墙上，顿时觉得中国离这里并不遥远。早餐后，大家一起走向交易大厅。9点钟，我们在纽交所官员的陪同下，在二楼的阳台上，一起敲响了开市钟。紧接着大家一起在交易大厅等待新东方股票交易的开始。我们仰着脖子，盯着屏幕，都快变成鸭子了。但是新东方的第一笔交易迟迟没有开始，我的心里也开始紧张起来，不知道会是个什么价格呢，会不会跌破发行价。

千呼万唤始出来，我们是9点钟敲的钟，直到10点45分，新东方的交易才出来。好像是系统出了技术问题，新东方的这个新股票就是上不来。直到10点45分左右，新东方股票突然出现在大显示屏上，跳出来的价位就是22美元多一些，比我们的心理预期要高出很多。看到之后，大家都非常开心。总算有了一个令人满意的结果，这时我们的心情才逐渐安稳下来。当天晚上纽交所在纽交所大楼的地下室为我们举行了一场隆重的庆功宴会，他们的总裁和副总裁都出现了，每人都作了一段演讲，我也上去作了一段演讲。最后纽交所的老总还说，我是完全可以成为一名非常优秀的演说家的。我说我早已经就是演说家了，只不过我用英文演讲不太在行。

新东方上市终于大获成功了。头天晚上我在庆功宴会上作的演讲，主要内容是说新东方承担着对中国学生的使命，承担着对中国学生的责任。我们做了这么多年，一直没有辜负自己的良心和希望，希望我们上了市以后，依然有这样的良心和希望去做事情。也希望我们在纽交所能够跟你们成为朋友，借着纽交所这个平台让新东方在世界的轨道上发展和壮大，大概就是这样的讲话内容。

首日上市开盘就 22 美元，收盘是 21 美元多，第一天的表现非常好，我们都松了一口气。当时我不让大家都跟着卖个人股的时候，大家的心里都有点儿意见。他们说好不容易遇到了一次赚钱的机会，能把股票变成现金了，还不让卖。但是过了 3 个月，股票价格涨到了 45 美元，每个人都绷着这股喜悦的劲儿。到了 45 美元以后，大家又解禁了，就开始想着卖股票了。后来我们突然发现，如果大家乱卖的话，最后新东方就不值钱了。

这个人卖出去 10 万股，那个人卖出去 20 万股，股价很快就会从 40 美元跌到 20 美元的，这个道理是一定的嘛。因为他们会发现，新东方的原始股东全部在卖原始股，就表明对新东方的发展没有信心了。那么其余的人也会跟着出手，最后新东方的股票就成了烫手的山芋了。

我跟我的 CFO 一商量，最后就决定，要卖统一卖。我把他们集中起来开了个会，统计每个人到底要卖多少股。数据统计出来后，先放在这儿不卖。现在 45 美元的价位，我们再去做一次路演，告诉对方我们为什么卖原始股，我们的做法是为了不让股票下跌。

当时大家达成的一致意见就是说，不能低于 35 美元。因为我们觉得这么一路演，再把这么多的原始股票抛到股市中，变成了流通股的话，一定至少下降 5 到 7 美元，但是最后的结果是，我们以 41.5 美元就全部卖出去了，基本上就等于没降。因为我们出去路演的那天是 43 美元，路演了半天最后就降了 1.5 美元，是完全可以接受的。毕竟新增出去了 100 多万股了嘛，略有下降也是合理的，不过大家的腰包一下子鼓起来了。

对于股票和上市，我开始是几乎不懂的，好在我有善于学习的本事，遇到不懂的事情，除了通过看书弥补外，总是会在第一时间找到最合适的专家咨询。在新东方登陆纽交所的上市准备期间，我就硬生生把自己变成了一个上市专家。上市之后，与投资者沟通以及并购方面的书籍我也是一直在研究。即便如此，当老虎环球基金在2007年突然抛售新东方股票时，我还是着实紧张了一把。

当时新东方的股价一路上涨到80美元以上，突然有一天开盘，新东方的股价猛然下挫了5美元。这一天新东方既没有发布财报，市面上也没有任何影响新东方业绩的消息，一定是有大机构在背后卖新东方的股票。我立刻就意识到这个问题很严重啊，必须得谨慎对待，马上在后台查看，发现是大股东老虎环球基金在大量出货。此前，老虎基金曾经向我承诺在5年内不出售新东方股份的。

第二天，我给老虎环球基金中国区代表、也曾经是我的学生打电话，可是她也并不知情。原来，抛售新东方股票是老虎环球在美国的基金经理做的。

老虎环球在2005年以每股2美元的价格投资新东方3000万美元，占到10%的股份。新东方上市时，老虎环球持有新东方14.91%的股份，经过再融资，他的股份被稀释了，共计2100多万股普通股。眼看新东方股价涨至80美元，在美国总部的基金经理迫于他的股东分红的压力就套现了部分股票。我们经过紧急沟通，和对方达成了默契，无论怎么卖，按照什么方式卖，都不要冲击新东方的股价市场。

事实上，老虎环球后来在新东方股价跌至50美元时又将卖出的股份全数购回，这个波段操作净挣了几千万美元。不过在当

成功真的是把双刃剑

时，老虎环球基金的举动带给我的是前所未有的担忧，因为他们手里拥有的股份非常大。如果他们全卖掉了，新东方的股价从80美元跌到20美元怎么办？

在上市过程中，我有一个前提，从做新东方开始我就知道，我自己怎么样没关系，但是新东方最好不要倒下去或者是不发展。因为它是从一个个学生做起来的，我对它真是充满了感情。所以任何对新东方有危险的事情，我都会特别谨慎小心，一直到今天为止还是这样。

另外，从新东方上市起，我就没认真看过新东方的股价。我认为新东方的股价跟我是没有关系的，除非哪天我想卖自己的股票了。所以整天关注股价是一点儿意义都没有的，股票要换成现金才是钱，不换成现金，就算起起落落，对新东方的发展也没有什么影响。

新东方内部有一个特点，从来不使用股份投票。虽然现在是上市公司了，也很少用股份说话，而且我现在占的股份也比较少了。上市公司如果要通过股东大会表决的话，那管理层基本上也就完蛋了。但是，选取董事会成员要走这个形式。我算是从一个创始人变成了一个比较彻底的职业经理人，现在算是个打工的了，尽管在新东方还占有股份，但是新东方的流通股已经占到了80%，这些股份就掌握在全世界各族人民的手中。

自从经济危机一来，新东方的股票一直是排在世界前十位的抗跌股，一直到今天，还特别稳定。当然这跟我们的努力有关，新东方的人都能讲英文，哪个投资者打来电话，我们就哇啦哇啦讲一通，然后想卖股票的听我们一说就晕了，不卖了。

而且新东方还有一个好处：学生都是先付学费再来上课，不会出现现金断流的现象，也就不会出现倒闭的现象。有这么一个基础在这儿，股东们觉得很踏实，而且他们发现我身体比较健康，所以也比较放心。这个特别重要，一个老总的身体如果出问题了，股价常常会掉一半。

有时被拖着往前走是好事

新东方上市的时候，我几乎是被拖着往前走的。首先就是我对上市完全不感兴趣。因为我这个人是比较小农意识的，我就希望自己安安心心每年招那么多的学生，然后把课的质量弄得特别好，最后每年到年底分红。这个分红是现金，回去要数一夜才能数清楚，我特别喜欢这种感觉。上市凭我有限的知识我就知道，一旦上市以后就必须保证每年至少 20% 以上的增长才算是健康企业，如果被定为是增长型企业的话，增长率一般要达到 30% 以上。

当时我第一个感觉是在一个行业当中每年要增长 30% 以上，这几乎是不可能的事情。这是什么概念？当时新东方上市时的总收入是 8 亿元，就意味着我第二年至少要达到 11 亿元以上，如果是 30% 以上的增长的话，第三年要差不多达到 15 亿元以上，就这样不停地长上去，怎么算我都觉得承受不了。

第二个感觉是说每个人都有这样一种心理，这个感觉就是说一个事情总是有尽头的。如果一件事情发现它是没有尽头的话，总是周而复始的，那么不管赚多少钱都会觉得很痛苦。因为我做事情的前提是，我这个人不是以钱为中心来做事情的，我想增长率这个东西是没尽头的，每年都得涨，最后钱都被外面买卖股票的人赚走了，而我自己在这里累得快要死了。人一辈子需要多少钱呢？比如说新东方上市以后曾经有人鼓动我去买一艘游艇，我说不买，他们说为什么不买？我说我认识的朋友中已经有十几个人有游艇了，我买一个游艇放在那儿，一年最多用 10 天，能用 20 天就已经是非常多的时间了。如果说我不买的话，我向这些朋友借用一下游艇他们能不借给我吗？对吧？那为什么不借用别人的游艇，非得自己买一个呢？

就我本人来说，我做事情包括新东方上市不是一个以钱为要素的行为，如果以钱为要素的话，我肯定把新东方的股票全卖掉之后就去玩基金了。现在我认识的很多朋友都在玩基金，但是我从来没有玩过基金。新东方的股票也没有卖掉太多，我就放在那儿，因为我觉得我要把新东方股票全卖掉了，我跟新东方的血缘关系就断掉了。就是说虽然新东方是我生的，但已经不是我养的了，有一种跟我没关系的那种感觉，所以我就把股票放在那儿不卖。

当时上市的时候我就知道，这个事情要弄到我身上的话，会把我给累死，新东方其他所有的人都能够解套，只有我解不了。所以当时还面临两个问题，第一个问题就是上市以后，我担心我手下的这帮管理者万一钱多了就真的不想干了。一般一个高级管理干部按照当时新东方股票上市的话，当时的最低标准也能达到 1000 万人民币以上，当时是 15 块钱的上市价格，开盘价是 22 美元，就是一两亿的身价。

尽管我知道新东方的文化凝聚力还不错，但是我完全不知道他们会不会留在新东方继续干下去，而他们想要走其实特别简单，一纸辞职书就行了。我难道能不让他们走吗？不可能的。所以我就知道股票上市以后新东方的管理团队可能就剩下我一个人。

我不想上市还有第二个原因，当时我对上市这件事情本身并不完全了解，上市以后会发生什么事情我也无法预计。以及我跟投资者之间会产生什么样的关系，这些我完全不了解。我这个人的个性是我要对一件事情充分了解，并且知道它的目的地在什么地方以后，我才敢往前迈步，但是，当时面临的情况逼得我不得不尝试。

如果说新东方从最初的发展到做大的过程中我还有许多主动因素的话，上市从本质上来说我一直是被推着走的。外来竞争对手也算一个推力。内在的推动更厉害，因为公司发展到一定程度后，大家都拿了新东方的股权，股权变现是每个人都关心的问题。能一下子拿到钱而且从某种意义上来说不需要承担太多后果，那当然是大家很愿意看到的。

当然，新东方最终还是上市了。其中一部分原因是为了化解内部矛盾，否则新东方内部的人、循环在内部圈子里的人都搅和在一起了，搅和到最后都觉得没有出头之日。一旦上市，就有出路了。所以在内外因素的推动下，我还是决定上市。从我个人的心情来说，我至今还认为上市不是我个人最佳的选择，但它可能是新东方和新东方人的最佳选择。

上市后我的生活总体来说没有太大变化，还是跟以前一样忙。如果说有变化，第一个变化就是把原来跟新东方内部人交流的时间，分出一大半跟外部的人进行交流了，包括各种各样的投资者、各种股东，还有各种各样的国际会议，都得参加。第二

成功真的是把双刃剑

个变化就是更加被公众化了，我的个人生活空间因此受到很大挤压。

既然别无选择，就要积极主动

股票最终上市有两个直接推力：一个推力是外部的，比如老虎基金进来后，要求我们上市；第二个推力就是来自内部的，新东方当时已经有 400 多位老师和管理者拿到了新东方的内部股票。大家只要稍微一计算就会发现，当时新东方内部股票是 1 块钱人民币 1 股，每年分配一次红利。比如说一个人拿到了 50 万股股票，我按照 1 块钱人民币 1 股给他分红的话，他可能一年到头只能拿到 50 万元，但是大家想，50 万元到了上市公司按 10 倍的市盈率就变成了 500 万元，20 倍是 1000 万元，实际上新东方的市盈率是 50 倍。

怎么想一个人也不会笨到这个地步，就等着每年年底分 50 万元。他想的是把这个 1000 万元一次性拿到手，拿到了以后存在银行一年的利息都比我给他的多，所以我就挡不住这些股东的想法了。

在新东方内部我开了一个会，我说各位朋友我们是不是干脆不上市了？这样分分红每年这样做也挺好的。他们就说俞老师，我们不知道你家里到底有多少钱，反正我们还没钱，你就看着办吧。别人的财路我是不能挡的，这个世界上有三件事情不能做：第一是挡别人的财路；第二件事情是挡别人的爱路，就是爱情也是不能挡的，比如说好不容易找到一个女朋友，第二天被另外一个男的给抢走了，稍微急躁一点儿的都敢拿刀子拼命了；第三是别人嘴巴里的饭，在一个人饥饿的时候是不能去抢的。

所以我在新东方典型地遇到的是第一个不能挡别人财路的问题，当别人已经发财在望的时候我不能妨碍。比如说一个员工本来可以拿到将近 10 万元，我把他找来，我说由于种种原因我只能给你 8 万元了，他还是可以接受的，但是如果我一分钱都不给他，他已经开始要跟我拼命了。新东方的概念是什么？新东方的概念是如果上市的话很多人就可以变成千万富翁，不上市的话就是每年只能拿到几万块钱。在这么巨大的财富悬殊下，我要挡住别人的财路的话是不行的。当然我不是说新东方的人庸俗，而是每个人到了那个地步都会这样做。所以最后我是完全被推上去的，这也就再次证明实际上我是没有任何前瞻性的眼光的。

既然被推上了一条不得不走的道路，我还有一个优点，就是我常常能变被动为主动。这是我个性上的优点，我高考也是变被动为主动的，后来办培训班也是。我被迫离开北大以后出来又做了新东方，最后我又把这个被动变成了主动，既然别无选择，为什么不在这条路上积极主动地继续走下去呢？所以，我有一句话是典型地能够用在我自己身上进行描述上的：其实一个人想走得很远的话，不在乎走了多久，而在乎能坚持多久；不在乎走得多快，而在乎能坚持多久；坚持得久了，就能走出别人没有走出来的距离，就可以看到别人没有看到的风景。所以，我是以这种心态在新东方做事情的。

当时上市的时候也是由被动走向了主动，努力地开始研究学习上市公司到底怎么管理？到底会遇到什么样的问题？怎么样去做路演？上市以后与投资者的关系怎么处理？这样也就学出来了，到现在新东方上市已经 5 年多了，一直都很平安，股票每年都在以 20%、30% 的速度在增长，这也是我主动的结果，所以这是我做事情的一个方法。

还有新东方内部业务范畴的转型我也是被推动的，最后也是由被动转变成主动的。比如说原来我们有一个概念，就是新东方只做英语教学，英语考试和英语语言教学，最多加上一些其他的语言类，比如说法语、德语之类的教学就可以了。为了这个，我们董事会还曾经开会，把新东方当时办的一个比较火的部门，就是电脑培训部关掉了，就是为了纯化英语品牌教学。所以新东方提出两个口号：一个是叫作新东方——中国人学英语的地方，另外一个就是语言就是力量。

但是在这个过程当中我发现明显地行不通，行不通也是被外界推动的。比如说我有一个好朋友他的孩子在新东方学英语学得挺好的，突然有一天就不来了。我打电话去问，他说你们机构只有英语教育，我们的孩子在另外一家机构还可以学到其他的培训课程。尽管我知道那家机构的英语没你们教得好，但我把他带到那个学校去学习，这样的话家长和孩子都省事了。

结果我发现我不做别的项目，别人就把我的英语给做了，所以我就意识到新东方光做英语是不行的，增加其他项目也是迫于形势需要了。从前几年开始我就进行了新东方全面战略转型，这个转型有两大特征。第一个转型是新东方学生的年龄段在转。原来新东方的学生 80% 以上都是大学生，那么我们要往高中、初中和小学这个方向转，这样的话学生的年龄段就下降了。年龄段下降以后，紧接着就是我的授课模式的改变，比如说像我们大人在大班里听老师讲课，只要老师讲得好就没有任何问题，很多学生也愿意上这样的大班，因为价钱相对便宜。到了高中、初中、小学，这个孩子上不上大班不是由孩子自己决定的，家长会说我孩子本身自律能力就不够，所以要迅速把它转成小班型，原来300人一个班，现在必须要转成30人一个班，家长才会把孩子送过来，所以这是一个转型。

第二个转型就是学科转型。因为既然家长说了，俞老师我孩子在你这儿学完英语，你看我们孩子其他的学科能不能在这儿也一起学了，你有没有？我没有，没有他就到别的培训班去了，去了以后我这儿的英语他也不来学了。所以我最后就不得不进一步跟着转型，就是进行多学科教育。

新东方这个转型目前来看还算是比较成功，原因是新东方的渠道铺设比较好。在过去的10年中我没做别的事情，在全国建了40家分校，同时下面每1家至少带有10个以上的教学点，所以现在新东方在全国至少有400个教学点，到明年这个时候教学点的数量还会增加。每1个教学点我只要把这个项目设计好了以后，比如说现在有500个教学点，我1个教学点只要招到1个学生，在全国就能招到500个；招到10个学生全国就是5000个；招到100个学生全国就是5万个。所以我们去年推出中学全科教育，到现在新东方的学生已经到了50万人以上。新东方在中学阶段是全科的，所谓的全科就是数理化一起上了，一个暑假，新东方的收益就达到了5亿元。在中学全科这个项目里面，它有了规模效益。

被某种东西锁住了的人是最痛苦的

新东方在美国的上市算是一个里程碑，应该值得庆贺，并且应该庄重地载入新东方的发展史。但是就我个人来说，现在回过头看这过去的几年，应该算是我个人真正苦难的开始。

上市之后，新东方面对了太多的困境，这和新出现的一些因素有关。有的是我无力改变的，必须得按照原则坚持执行。

第一，我认为教育的质量跟利润增长是没关系的，但是上市公司要求你每年必须保持 30% 的利润增长幅度。第二，我面对新东方的时候也要随时关注发展的问题。就是说为了进一步发展新东方，壮大新东方，必须把营业收入变成利润放在账面上，让投资人看到新东方的积累和壮大，这样的话，投资人才会买我的股票。第三，新东方每花一笔钱都得核算，我是不能自由决定的，都要计算这笔开支是成本还是费用，最后能剩下多少经营利润。这就是一个公司正常经营面临的现实情况，这种结果就和新东方办教育的宗旨有点儿违背了。

所以这么多年，我一直在苦苦地支撑着新东方的教育理念和利润增长之间的平衡，既要发展，还要回馈社会，我基本还是做到了这一点。还有一点是，由于增长的速度，那么就必须要求有大量的新老师出现并走上工作岗位。当然大量新老师集中出现我是来不及培训的，所以任课老师的质量一定会有所下降，这也有可能会给新东方带来很多苦恼。目前，新东方发展到全国多个城市以后，每个学校负责人的管理风格都是不一样的，新东方一直以来传承的人文色彩、精神文化和人文关怀是很容易被稀释掉的。

现在我也在做这方面的思考，也就是我正在做的各种努力，当然这也有好处，强迫我去思考系统管理的问题。现在新东方的系统管理在不断地成熟，不断地完善。目前新东方已经有 23000

余名员工和老师，每年有 250 万的学生在新东方学习。这么大的一个管理群体和教学群体，新东方还没有垮掉，那么说明我在系统建设上面还是努力地跟上了步伐。

我这个新东方还有一个问题，它不能批量生产。如果我能像金志国做啤酒那样的话，我就是把各地的啤酒厂一个一个收购进来，然后批量生产，反正打上青岛啤酒的标签就能卖，那就很容易扩大规模了。

新东方是不能这样扩展的，一位新东方的老师表现出的价值就是他的高质量、高能力、高素质。一个老师的成长是两到三年的历程，而且现在竞争机构那么多，我们还要想办法留得住好老师，必须花费大量的精力和财力培养他们。我这儿的一个普通的前台工作人员，其他培训学校过来一挖人就是用副校长的头衔诱惑他。比如这个人在我这儿拿 3000 元，来挖人的学校直接给 6000 元、8000 元，这样的诱惑很多人是留不下来的。也不能说我马上也给这个员工提到 6000 元，为什么不能提呢？因为同一类型、同一岗位的人有上百个，我给这个人涨到 6000 元，就得给其他同样岗位的人都涨到 6000 元，这个岗位的人涨了，别的岗位的人也得跟着涨啊，新东方一下就会破产了。

所以我面临很多的困境和竞争。当然我是不怕竞争的，但是，就是背后的这些矛盾令人痛苦，我就感觉不到快乐，而且新东方的业务特征决定了我必然永远陷入这种痛苦和劳累中间。这几年的时间里，面对上市公司要求的利润增长率以及我在对教育质量控制的平衡过程中，还是觉得心里非常劳累，可以说超级劳累。

因为我必须面对来自两方面的埋怨：一方面，我不想对不起买了我的股票的股东们，因为这些人说不定把身家性命都投进来了，对我表示的是一种信任，才买了我的股票。如果最后因为我经营不善把他们的钱都弄没了，我觉得良心上肯定过不去。如果真的有一天新东方的股票跌成了比如说10块钱、20块钱，那我的这个忏悔录可写得就大了。

另一方面，我又不想对不起我的老师和学生们，但是这两个群体之间是矛盾的。对得起老师和学生呢，就应该多给学生上课，多给老师发工资。我多给老师发工资，老师多给学生上课意味着什么呢？就是费用增加了，利润降低了。没有了较高比例的利润意味着买我股票的人最终会变成穷光蛋，所以我没有找到两全其美的出路。

不管怎样，我都要做好两方面的角色，一方面是利润的创造者，另一方面是让老师和学生得到更多的照顾。

我为了将这两方面趋于平衡，一直比较劳累，很多时候都处于复杂的感情纠结中。

老虎基金进来了以后，遇到的第一个问题就是当年不盈利，当年的利润不见增长。这种情况是属于结构调整带来的暂时现象，原因是客观的，不是人为的。2003年因为"非典"疾病的暴发，学校作为重点监控场所，基本都停课了。也就是说2003年的课程基本都停下来了，所有学生的课程都集中到2004年，所以2004年学生人数就暴涨了。到了2005年这个特殊原因所导致的问题新东方基本就消化了，学生数量也就平稳下来了。结果，老虎基金就发现他们刚一投资我们就不赚钱了，就很恼火。紧接着到了年底，合伙人还要分红，因为还没上市，还是自己说了算嘛，大家还是要分红的，所以就和老虎基金有了矛盾。

老虎基金对我们表示出极度的不信任，从美国调了一个人过来。这个人是从事国际关系投融资的专家，实际上是派来监督我们工作的。这个人是特别优秀的，但是他实际上不懂中国的业务体系。在我们这干了四五年，什么都没干成，不过他在新东方工作了四五年，也学会了很多东西，摸索出来一些经验，渐渐就知道中国的业务怎么做了。后来他就离开了新东方，调到另外一个公司去当 CFO 去了。他等于是在新东方上了四五年的学，最后自己成才了，出去另谋高就了。为了这个人，我跟老虎基金还吵了一架。我说我给你们培养了一个人才，我给他发那么高的工资，最后这个人可堪大用了，你们又把他调走了。这也是老虎基金另外投了一个机构才把他调出去的，这个过程我们和老虎基金之间的争论一直没断。

上市以后，大家就没什么理由可吵了。因为内部的问题全部解决了，没有矛盾了，就变成了我面对外部的投资者的压力了。

我不知道上市能不能解决各方面利益冲突的问题，也不知道上市公司怎么样面对外部的这些投资者。我也想到新东方后期经营管理的事情，比如说如果大家把股票一卖，全都走了，我这个管理团队就会散架了，这就麻烦了。因为当时新东方的管理者都拿到了很多股票，都在同一天就变成百万富翁、千万富翁了。也许就会有一些骨干力量不干了，卖了股票享清福或者另谋出路去了。因为很多上市公司都发生过骨干力量卖掉股票辞职这样的事情，我一想到这个就挺苦恼的。

另外还有一个苦恼，我知道我已经被彻底锁定了，也是我个人真正苦难的开始吧。就是说新东方的任何股票持有者都可以卖了股票走人，我即使卖了股票，也不能走人，更何况我的股票还不能随便卖，所以当时就有了和新东方拴在一起的感觉。

要努力培养出自己的接班人

我最关注的还是新东方未来的发展。比如选拔新的一代领导人。如果从新东方内部培养的这个模式不成功，就支持不了新东方的发展要求。我的个人能力到那个时候如果也不支持的话，这里面就会出现很大的危险了。那么新东方就会走下坡路，它一下子垮掉的可能性是没有的，但是新东方的学生会越来越少，最后利润越来越少，股票价格越来越低，最后回落到 22 美元。

新东方的股票价位最高曾达到 116 美元，现在是在 95 美元左右，所以就是从现在开始往后，是另外一个关口。如果说从没上市到上市是一个关口的话，那么从现在开始再往后，又是一个重要的关口。第一，我要保证新东方系统的完整性和突破性。第二，我要保证新东方的第二团队能够跟上形势的发展。

现在新东方的总裁位置我已经让出来了，已经是另外一个人在坐了。把总裁位置让出来，我的工作量并没有减少多少，我还是那么忙。因为我不可能一下子把所有的工作全交出去，那样的话新东方肯定真的就垮了。像这种关系战略方向、公共关系、某些特定社会环境问题的公开露面，肯定只有我能做得出来，而且做得还更好一些。

就拿新东方需要建立公共关系来说，比如新东方要到某一个城市去开一所新的学校，肯定是我出面就非常容易拿到执照。我要在某个地方开办新的学校的话，新东方任何人去，地方领导都会有一种不被重视的感觉，一定是要我亲自去，地方领导才会觉得特有面子。

这就是中国人的一个心理习惯和面子问题。比如说大家一年见一次面或一年见两次面，都聚在一起肯定要喝酒的，大家就会很开心，肯定是这样的。其实他们并无所求，我没有更多地要求他们，所以他们也不要求我。但是这种友好关系的维持是非常必要的，这也是我们一个机构能在当地顺利发展的重要原因。我必须要有这样一个本领，万一出了什么事情，要求人帮忙的时候，一个电话就能搞定。而不是说等出了事，我再千里迢迢地飞过去，"求爷爷""拜奶奶"地四处烧香拜佛，那就晚了。我现在最大的梦想就是能够把新东方彻底放手，交给其他更有能力的人来掌舵，就犹如新东方在我的生命中从来没有出现过一样。

在人生的每个阶段只做好一件事

新东方能一直做到今天，还能比较健康地成长，我有一个不断追求改变的原则：在不同的阶段做不同的事情。

新东方刚开始是一个家族企业，我和我老婆、姐姐、姐夫一起做事。做到一定程度后，我想要做得更好、更大，仅靠我的家族成员是绝对不可能的，而且无法构建一个企业文化和精神氛围。当时我意识到企业想做大必须聚集一批同道中人，一批文化和精神气质跟我一样的同道人。这个想法直接促使我1995年到美国拜访我的大学同学、朋友，实际上这次拜访是非常有效的。谁都知道这个故事，第二年他们就全都到了新东方，他们就是在新东方非常有名的王强、徐小平等人。

于是，新东方的第一个发展阶段结束了。我的家族成员和朋友开始产生冲突，最后到了必须两者取其一的程度。在这个前提下，最后我取了朋友，舍了家人。尽管这个过程充满了痛苦和波折，但新东方最终摆脱了家族企业制度，变成朋友合伙制。当时的新东方还不算是严格意义上的公司，但已经形成独特的精神文化氛围，大家都是朋友，地位平等，彼此尊重。这导致新东方一批人很愿意努力地工作，努力地推动新东方的发展，也是新东方在第二阶段实现飞跃发展的根本原因。

第三个阶段也是必然出现的。企业发展到一定程度，就会有新业务、新发展方向出现，合伙制的方式不再适应新东方的发展，新的发展提出了新的挑战。因此，新东方就有了一个结构改造阶段，把合伙制这样简单的生意模式改成股份制的生意模式。在股份制的生意模式中，每个人的位置需要重新定位，不像合伙制中大家都是一个平等的地位。所以，这个阶段不仅经历了新东方结构的改造，还经历了人的心态的改造。结构改造是容易的，比如说新东方合伙制变成股份制实际上时间不长就谈完了，但是人的心态不太容易变。每个人在改造当中会考虑自己的尊严、利益、未来的发展，于是会形成很尖锐的矛盾。这一改革就改了4年，直到2004年才结束。这一改革对新东方起到了一个重大的推动作用，如果没有这4年，就没有后来新东方上市的可能性，合伙制是永远不可能上市的。

这个改造之所以成功，我觉得有两个方面的原因。第一个是所有的人都认为新东方是值得为之奋斗的企业或者事业，并且在这个地方得到的利益和荣誉会比其他地方得到的更多。第二个是我个人的原因。在不断的矛盾冲突和改造过程当中，我个人承担的角色非常简单，就是耐心和宽容地对待身边发生的一切，并且检讨自己的不足，让机构和组织能够保持完整，继续往前推进。我的这种个性在这次改革中起到了重要的作用，也是推动新东方改革成功的一个比较大的因素。

第四个阶段是新东方上市的阶段。上面讲到我本人其实是不想上市的，不过我当时也意识到，如果不把新东方带上市，新东方可能会解体、散架。所有人都期待着通过上市使新东方更快发展，使自己更加富有。如果我一个人挡着，就是很不好的事情，或者说在未来谈起的时候是一件会被人耻笑的事情，于是我选择了顺应改变。另外，从客观角度来考虑，教育企业上市已经形成一个趋向，如果新东方不上市，一定会有别的学校上市，其他学校上市带来的结果就是新东方会变得落后，或可能被时代淘汰，因此，新东方就没有理由不上市。

上市后，新东方又有了很多小的改变和调整。比如说新东方的经营模式由原来简单的大班教学模式改变为大班、精品班和个性化辅导兼有；由原来的不注重服务转变为不断强调服务和对客户的人性关怀；由原来的单科英语教学转向包括数理化在内的全科教学；由原来的只面对大学生转变到包括任何年龄段的培训……

新东方的改变，一方面是因为外界形势影响产生的结果，另一方面也是新东方内在发展需求所带来的结果。在这个过程中，我个人也改变了许多，我的角色是去体会改变、顺应改变、支持改变。

做一个对明天充满信心的人

回顾新东方，我奋斗了 18 年，新东方发展到今天的规模，又在海外上市了，其实这一切都不是我追求的目标。我转了一圈，看到了一个自己并不想要的一个结果，100% 是有遗憾的。因为我终身的衣食住行的问题早在 2000 年以前就解决了，不需要太多的钱来证明自己了。那个时候最大的心愿就是把新东方的教学办好，办成一所优秀的学校。

现在我们几个合伙人还经常聚在一起，聊天，吃饭，喝酒，做个体育运动什么的。有的时候也在一起玩儿，每年还一起出去来个梦想之旅，为全国四五十个大学做演讲，还是原来那个样子。这样的工作安排有一点回到原来那个样子的情形，但是，大家心里都明白，时过境迁，我们之间已经不是原来那个样子了。是又不是，也许我们的交往更深刻了，但是，不那么亲密无间了。也许我们的交往更加理性了，但是，不那么快乐了，就是这么简单。大家心里都是这么想的，可以肯定是一模一样的，相互之间没什么不同之处。

在纽交所上市敲钟的时候，我与新东方的同事拥抱，觉得相互间的那种隔阂消除了，确实有了消除矛盾和纠结的那种感觉。但是，没有了当初他们回到国内来的那种单纯和激动了，已经找不到当年的那种感觉了。那么我也知道这几年一个现实的利益的结现在也都完全解开了，但是感情上呢，大家都已经有一点儿受到了伤害。当时上市的时候，把王强、徐小平还有另外几个股东全部请到纽交所去了，我们在一起敲的钟。这个感觉，大家当时还是能察觉到的。

我想另外做一个新的尝试，很多事情我都希望从头再来。我甚至可以另外再做一个新东方，但是我会把它的范围控制在合理的区域内，比如说就在北京这个城市。我不想求大，规模适中即可，我依然可以做到比如说 10 万人的规模，但是我从此就保住这个现状，不会把摊子铺得这么大。我要办成精品学校，培养优秀教师，培训出高质量的学生。

就是说凡是想到新东方来的老师，都必须排队接受考验才能进来。所有的老师都必须经过我一手系统化的培训，达标后才能留任。每一个都是精英老师，每一个人都是学术的带路人。我要把所有的利润，在交完国家的税收以后，都分给我的老师，学校只留一点儿就可以。我的愿望是让我学校的老师变成全世界工资最高的老师，成为大家都羡慕的人。这些老师都乐于在我这里教书育人，不会因为别的学校的高薪诱惑而跳槽，他们都愿意在新东方工作到退休，将这份工作当成毕生的事业。

这就是我最理想的构思，现在我只能在波涛汹涌的大潮中挣扎了。不过，我的摸索还是有价值的，这个挣扎也是有前途的。

第一，我认为中国的教育行业还是有很大发展空间的，未来的教育范畴会更丰富、更广阔，需要接受教育的人会越来越多。第二，在这个挣扎的过程中我和新东方都成长了，管理经验是在实践中总结出来的。这些年新东方的成长经历就像一本教科书，系统管理、模式管理、顺应市场的需求反应等都被我们纳入体系中来了，而且发展的速度还可以。第三，新东方的新一代接班人正在成长起来。如果说新东方最大的成绩是什么，我想就是这些成长起来的才华横溢的年轻人了。从他们身上，我不但可以看到新东方成长的历史，还可以看到新东方美好的未来。

作为一个上市公司，最基本的日常经营管理的很多纽带，到目前为止还系在我一个人身上，这是蛮危险的，我也在尝试实行管理的扁平化。现在我得一条一条地解除，分阶段把一些工作交给别人做。新东方日常业务的会议我已经不参加了，到现在我也解除了很多以前亲力亲为的工作。我这样做的目的只有一个，就是让新东方的下一代领导人尽快成长起来。

我觉得新东方发展壮大，取得更瞩目的成绩，不是在我这一代，而是在新东方的下一代领导人身上。在我交接的下一代人里，他们会把握住更大的机遇，这是一个历史的必然吧。不过，我也有顾虑，这就是新东方如果失败也会败在我交接的下一代人的手里。事物总是有两面性的，下一代成功了，我双手鼓掌；失败了，我肯定不会重新接手新东方再把它起死回生，我一定不会再介入这个事情了。

财富不能带来从内而外的快乐

上市之后，当然是我应该有一大笔钱了，有一大笔股票。这种结果有没有带给我一种从内而外的快乐呢？应该说完全没有过。

首先我对钱本身其实是不感兴趣的，其次就是我从 1993 年开始就算有钱了。我既不想买豪华游艇，也不想买私人飞机，更不想买海景豪宅，到现在我还住在一个三居室的 Apartment 里面，我觉着住得还挺舒服的。在国外我为老婆、女儿买的也是一个小房子，空间不大但很温馨，我觉得这也挺好的。其实，人生有时仅需一杯水就够了。一杯水可以解渴，可以清心，可以映出我们快乐的笑脸。

所以，直到现在我的钱还都是账面上的钱，就是股票上所代表的钱，并不是实打实的现金。现在我也只是个理论上核算出来的亿万富翁，如果新东方的股票兑到一股 5 美元的话，我就会变成新东方最穷的人了，一定是这样的结局。那么我又不能现在把股票立刻卖掉，我只是希望新东方能在我的陪伴下，成长得更稳固、更健康一些。

股票我也卖过一小部分，否则我怎么有那么多的钱给学生付学费、捐资助学呢？我帮助贫困地区建造希望小学，这都是卖股票的钱。但是，剩下的钱，怎么处理呢？我这么想的：留给自己，自己花不掉；留给子女，就变成害子女了。不管怎么说，对于孩子们，我一定是要给他们留一点儿钱的，但是肯定不能把整个家产都留给他们，否则他们奋斗的目标和动力在什么地方呢？还好，我现在有自己的理想和目标，如果这个钱不贬值的话，我怎么花我是知道的。造一个小型的私立大学，每年再去造一到两所比较高档的希望小学，然后再每年为一两千的大学生付学费。等到我最后年纪大了什么也做不动的时候，我觉得为社会把这个钱也已经花得差不多了，自己留下什么呢？留下心路历程，每两到三年写一本书，把这些心路历程记下来，把自己的错误记下来。当然最好是能够最终坦然地面对世界，像卢梭一样写一本《忏悔录》。

人生的情与理

要让浮躁的心灵静下来

对于新东方，我就像看着自己的孩子成长一样，现在已经经营到了一半，另外一半还要进一步地扶持一把。之后就是把全部精力投入我的大学校园和文化书院的建设梦想上，我希望把我手头的钱都花完。把这笔钱花完呢，也是把这笔资金留给老百姓了，或者说就是留给这个社会了，那么我觉得这后一半的愿望也就完成了。对于我来说，财富不等于从内而外的快乐，只有我的这几个愿望都实现了，我才会觉得真正地快乐。如果这后一半遇到了某些障碍完不成，比如说新东方股票真的跌到了 2 美元（当然这是瞎说乱想的，我估计不会这样的），最后我变成了个穷光蛋，那么文化书院和大学校园的梦想就彻底破了，因为我没钱是不可能做成这些事的。但是，凭我现在手头的钱买一片森林，造一所房子隐居还是做得到的，如果这个再做不到的话，我估计我真的会搬到庙里读书去了。

中国宗教界我比较熟悉的是佛教，我认为我倒不一定信佛，只是一种寄托而已。到现在为止我的心情一直是浮躁的，这个浮躁必须要慢慢地安静下来才行。

做自己生命的掌控者才是精神上的富足

我现在最快乐的事情，比如游历山水就是我的嗜好，我喜欢走进大自然，让我穿上便装遍访名山大川我会很开心。我最喜欢的，是那些能让我入迷的户外活动，一个是骑马，一个是滑雪，而且是滑雪板，我42岁才开始学的滑单雪板，我练了3年，现在已经滑得比较不错了，能很自如地在各种滑道上来回穿梭，这个给我带来了很多快乐。但是我不喜欢打高尔夫球，我觉得我没有那么多的时间，而且一打就要约一大帮人，还要相互之间寒暄、客套。

我喜欢不受打扰安静地看书，有时还坐在厕所里看书，看着看着就忘了是在厕所里，过了一个多小时才发觉。我几乎走到任何一个地方都会带一本书，坐在那里没事干的时候，有一本书在手里心情就会好一点儿。如果手里没书的话，我的手机里还有英汉双解字典，能发声，我就背单词，这都是我日常喜欢做的能给我带来快乐的事情。

我现在最向往、最喜欢的事情就是悠闲地躺在家里读书，每天有大概一小时、半小时的读书时间。在工作之余，找寻一下生活的乐趣，不要太急功近利，把每日的辛苦劳作变成一种简单的乐趣。我觉得我们这个社会目前就缺少这样一种沉静，总是不停地飞奔，永远不知道自己存在的价值在哪里。我最不喜欢的事就是走进办公室和新东方的人无休无止地谈工作，如果换成和新东方的人喝酒我就十分赞成了。

最近刚刚读完《巨流河》这本书，大家可能听说过，是齐邦媛写的。刚刚读完，很感动，讲的是人的生死无常，也探讨了人为世界创造的一点儿阳光的东西，很多人和事结合在一起的一个反映大时代背景的故事。看完这本书收获很大，我觉得应该关注一下老天给予我们生命、生活中的这些美好吧。

现在如果什么都不让我干了，开辆吉普车一路朝拜到青藏高原，我会很开心。我今年下定决心要自己开车去青藏高原，因为我去过青藏高原两次。只有在那个地方，我发现我的心灵才受到震撼。尽管第一、第二天头疼无力，这是因为缺氧的缘故，但是从第三天开始，再往后的时间里心灵超级的宁静。看着那山、看着那水、看着那的人，那的人还不能是在拉萨市里的人，现在拉萨市里的人包括藏民也变得很有商业意识了。在拉萨的外围我看到的那些藏民可真是从生到死都是一生纯洁，纯洁得就像洁白的哈达。我发现我早就被污染了，被这个社会污染得很严重了，而且还有很多时候，我做了自己没有把持住立场的事情。来到了西藏，看着这里淳朴的民风，天地间没有世俗的主宰，很多人都是自己生命的掌控者，这才是一种精神上的富有和满足。

中国人的冷漠和懦弱有时很可怕

不说这个经历，大家可能就不知道什么叫辛酸，什么叫命大。这个事情全国人基本都知道了，说说也无妨，也算是我自己做事情不小心造成的后果吧。

在 1998 年的时候，中国的银行在星期六、星期天是不上班的，也不会上门来收款。而新东方的报名一般都是集中在周末，一到星期六、星期天来报名的学生就特别多，收上来的学费数额有时候很大，存放就成了大问题。当时新东方的办公室很破，那个墙用手一捅就能捅出个窟窿，放在办公室那儿我觉得挺不安全的。想来想去，就觉得家里关上门是最安全的，所以就会把钱拎回家存放。那个时候没料到我已经被坏人盯上了，他们就等着在周末抢劫我，最后我就遭遇了被抢的经历。

后来想想那次被抢劫的经历挺后怕的，因为这些人都是惯犯，他们是一个犯罪团伙。他们在我之前已经连着抢了4个人，他们都是使用给动物麻醉用的大型麻醉针，一针下去，这个人基本上就不会醒过来了。我的遭遇也是一模一样的，他们从我身后上来就扎了一针麻醉针。我晕倒后他们从我身上掏出钥匙开了门，再把我拖进屋里，然后就把家里能找到的钱、摄像机，只要是贵重一些的，能拿的东西基本都洗劫了。

人往往在最危急的时候更能体现出潜能，我居然在一个小时以后就醒过来了，醒过来以后，手被绑着，脚也被绑着，我就用下巴颏打了报警电话。一会儿警察就过来了，他们过来以后我又晕过去了，警察直接就把我送到了医院，我居然抢救到第二天就苏醒过来了。后来医生都说太奇怪了，你怎么会中间醒过来还能自己报警？这么厉害的麻醉药，一头大象也睡过去了，你中间根本不可能醒过来，早就当场一命呜呼了。对我中间醒过来的事情，医生实在是纳闷了很久。后来医生说我抗麻醉能力这么强，也许跟我的酒量高有一点儿关系。

前天我去做肠胃镜检查，现在肠胃镜检查不是说无痛检查吗，其实就是全身麻醉。医生给我打完一针麻醉针，我还是跟他们谈笑风生。医生惊讶地说，别人半针就可以全麻醉了，你一针下去怎么还不晕过去呀。于是医生又给加了一针，这样我才昏睡过去，医生才给我做了肠胃检查。

其实这帮人拿走这些钱以后就真的打算远走高飞了，并且决定从此金盆洗手，不做坏事了。他们去开了一个工厂，这个厂是做什么的我不知道。结果经营不善，一年没到，就把这些钱全花光了，厂子也没有做起来。没了来钱的路子，他们又开始想办法琢磨钱。他们犯罪的恶念一起，就什么都不在乎了。我不知不觉中又成了他们眼里的"摇钱树"了，第二次的遭遇比第一次更加凶险。

1999 年的时候，这几个劫匪又回来准备再次抢劫我了。他们设想在我家门口动手，这一次抢劫我的是四个人。因为我遇到过一次危险了，这个时候就有点儿注意了，进进出出我已经有了一个司机跟随了。我们两个人从楼上一走下来就看到了这四个人，对方直奔我俩快步走了过来。我就发现这四个人的神情不对，当时我就反应很快，动作也特别机敏，立刻靠着墙角站住了，不能让他们从背后袭击我。结果其中的三个人越过我就冲着我的司机过去了，一瞬间，我还以为他们是过路的，以为没什么事儿了。结果最后面一个人突然掏出一把枪就顶在我胸口了。我的司机反应也很快，跟那三个人搏斗了一轮就找机会冲下楼喊人去了，那三个人紧追不舍，跟着我的司机也冲了出去。

和我面对面的这个壮汉一米八左右，很强壮，枪就顶在我身上，让我别动，还让我把钥匙拿出来。当时我根本就不知道那是把假枪，我就这样举着手，心里真的非常生气，真把我当成肥猪了，一次又一次地来抢劫我，但是我心里一点儿都没紧张，特别冷静地说："钥匙在我的裤兜里，你自己掏吧。"就在他一分神要掏钥匙的一瞬间，我两只手就同时压下去了。我想要死也得死在外面，这一次，绝对不能进屋去，只要一进门，肯定是活不成了。

这一次遇险，我的头脑特别冷静。我就把他的手枪连同他的手一起握住，当时也不知道哪来那么大的力气，一下就把他握枪的手掰过去了，而且这么猛地用力一掰，居然把枪给掰掉了。枪掉到了地上，我心里就有底了，就没那么紧张了。后来才知道这是把假枪，但是这把假枪也做得太逼真了，而且也很结实。我居然能从他手里把枪掰掉，真不知道当时那个力气怎么这么大。我估计那伙儿劫匪大概也没想到我这么一个文弱的书生还能反抗，竟然把他的枪给下了，还和他对打起来。否则，这些抢匪绝不会用一个人控制我，另外三个人控制我的司机了。

劫匪没了枪，我俩就在楼道里厮打起来。我不能确定他身上有没有刀，所以不能给他腾出手的时间，我就跟他拼了命了。我知道这个楼层里那个时间肯定有许多家里都是有人的，所以我就一边打一边喊，喊声非常大。我最低的希望就是能有人打开门或者在门里吆喝几声，就能把劫匪惊走，即使不出来，在屋里打个"110"也行。

我们两个人搏斗了整整有 5 到 10 分钟，这几分钟的凶险是无法用语言描述的。一个要活命，另一个要置人于死地。他可以放弃打斗选择逃跑，我却是没有任何退路的，因为我和他照面了，当时我要是手软脚软，今天也不会坐在这儿说话了。打斗了几分钟，整个楼道十几户人家没有一户出来的，也没有人打电话报警。从那次以后我就意识到，中国人的冷漠和懦弱有的时候是特别可怕的一件事情。等到警察来了，家家户户都出来看热闹了，这一点和鲁迅笔下描写的情节实在太相似了。

当时还有个可怕之处，就是那三个人放倒了我的司机，如果再返回来，我就一点儿回旋余地都没了。最后，那三个人一直没回来，这个壮汉没等来援兵，终于抵不住心理压力，气势就差了，就被我打跑了。

当时这个劫匪跑了之后还杀了一个回马枪。这个人跑开以后，慌慌张张地把手机掉在楼道里了。我走下去的时候发现手机掉到楼道里，就捡起来了。就在这个时候他发现掉了手机又急忙跑回来，看到我手里拿着他的手机站在楼道里，他就愣住了。我当时一点儿都没犹豫，直接就把手机递给他了，这一瞬间没有任何的思考余地。我很清楚，如果不把手机还给他，他肯定跟我拼命了。因为我拿到了他的手机就等于拿到他的命了，在那个时候，他肯定也是这么想的，所以才冒着风险回来找手机。我把手机给了他，他就迅速离开了。这几个人当时也没抓住，案子也没破。

从那个时候起，我身边开始有两个保镖了，一直到今天，我都有保镖跟随，不敢再大意了。我终于意识到，我的命不仅仅是自己的，还是大家的命，还是新东方的命。不能新东方没干成，再把命丢了。两天后，我的保镖就到位了，我知道从这个时候起，我的个人生活就没有了，永远没有了。

我在家门口被抢劫的这个案子一直没破。直到 2005 年的时候，北京刑侦二队的一个队长突然给我打电话，我跟他也认识很多年了。他说，抢劫你的那个团伙都抓起来了。后来我了解到他们在 2004 年又害了另外一个人，这帮人做事情手段够残忍，也够绝的。他们把人放在绞肉机里面，人的骨头和肉全部绞碎，往下水道里冲掉了，连个影子都没了。据他们交代犯罪过程，当时我晕过去以后，也差点儿丢了性命。因为他们走的时候发现我还有呼吸，北京的那个人是个头，东北的那几个是他的跟班。东北的那个人拿着刀就架在我脖子上了，说，头，把他留下以后会有危险的，万一他把你认出来，还是做了吧。这个头居然说，俞敏洪是个好人，给他留一条命吧，能不能活看他自己的造化了。

后来我从警察那儿了解到，1995年的时候，也就是第一次抢劫我之前的3年，他从监狱里放出来。从监狱里出来后他想改邪归正，就包了一个度假村，也是想做个好人的。新东方一到暑假，我们就要租度假村给学生们住、上课，新东方和他就这么有了工作上的接触。

我的员工就找到了他联系租用度假村的事情，找到他以后，一切谈妥，这个度假村就租用了，我们还交了预付款。因为对方要求先预付一部分款项，他怕我们上完课了不给钱，所以提出这个要求。我当时也是想以后可能会长期合作，所以就预付了20万元，到时候多退少补。到了课程结束，财务人员前去结账的时候，一核算，实际上我们只花了17万元，就是说他还欠了我们3万元。

我的财务就去找他们退钱，说你们度假村应该把预付款中剩下的3万块钱退给我们。但这个时候他已经把这些钱全花完了，就没办法退钱了，他就给我打电话，说你手下老向我要钱，但是我确实没这个钱了。如果你们明年还想要用我的度假村，能不能挪到明年一起结算。我说，没事儿，这问题不大，如果明年我们还用你的度假村，我们就把这3万块钱从中扣除就行了，如果你实在没有就算了吧。

我的诚恳态度就给他留下了一个好印象，但是这个好印象带来另外一个可怕的后果就是，他发现我很有钱，不在乎这3万块钱。因为在九几年的时候，3万块钱可是一个大数了，他的度假村又经营不善，欠了一屁股债。到了1998年的时候，他的债主来追债，他为了弄到钱，就想重新犯罪了，这个时候他第一个想到的就是我。所以他和他的手下就来回跟踪我，我当时一点儿也没觉察到。我当时特别喜欢一个人开着汽车跑来跑去，而且特别准时，因为那个时候我老婆和女儿已经到国外去了，我就一个人住，住的还是公寓房。我每天晚上几点回家他们都清清楚楚，汽车停在什么地方他们也清清楚楚。因为跟踪了我好长时间，掌握了我行动的规律，所以一弄就是一个准。他们算准了星期天晚上过来是最好的机会，因为他们知道星期六、星期天我都会把一大笔钱拎回来。

这帮人确实是抢了我不少钱的，有一二百万吧，全都拎走了。大家可以想想，一二百万在当时可是个超级大数了。所以当他手下把刀架在我身上的时候，他就想起当年我没有逼他还钱的事情。他认为我是个好人，没逼着他要钱，又觉得这么强烈的麻醉针打上去，基本不可能活了，既然拿了我这么多的钱，完全可以远走高飞了，是生是死，就看我自己的造化了，他们就没顺手补上一刀。我也算命大，逃过了这一劫。

到 2005 年的时候，这群劫匪被警察抓住了。抓住以后，在审讯的时候，他们把那次抢劫未遂的事情讲出来了，我才知道这两次都是同一批人干的。最后，这些人都被判了死刑。

我还和警察说，能不能让我拿两瓶酒去看看他们，跟他们聊聊天，说几句话。公安局的同志看看我，跟我说："你还以为这是宋朝呢？以为这是《水浒传》呢？怎么可能让你看呢？"他们拿出一大堆罪犯的照片让我来辨认，说俞老师你还记得这里面谁袭击过你吗？结果我一个人都没认出来，因为当时的情况太紧张了，根本就来不及看他们的相貌。就连那个我见过一面的在北京开度假村的人，我也完全不记得他的相貌是什么样的。

重塑我们的灵魂

我现在经常放慢脚步，开始认真地总结自己多年来走过的道路，现在我基本在三条路上前进着。

第一条路，我还是要把新东方全力以赴地继续做好，这是一条阳光大路，但是这条路肯定是不能满足我的心灵和灵魂的需求。努力工作，创造财富，这当然是正经的事。享受生活，必须有一定的物质基础。人要努力劳作，但劳作本身不是人生的目的，人生的目的应该更随意。为了让自己没有后顾之忧，不再为新东方所牵挂，所以我要尽力把新东方的事情办好，让它走上合理发展的道路，成为一个有文化、有底蕴的学校。

第二条路，就是我要创办一个私立大学，以经济、法律、商学、哲学、宗教等专业为主的小型大学，同时结合文化书院。可以请世界上各领域的大师、专家、模范代表等，包括当今最伟大的僧人，最伟大的文学理论家、哲学家，以及有品德的人，到我的文化书院来开讲座，提高人们的文化修养和精神修养。还有很重要的一点，就是重塑我们的灵魂，让我们这个民族一直信奉的坚强、勇敢、勤奋、善良这些优秀的品格再回到我们的身边。我将来要办的学校就是一个普通的学校，有点儿像南怀瑾的太湖大学堂那样的概念，不要那种华而不实的，而是贴近社会，贴近百姓，贴近我们普通人的这样一所学校。学校的生源基本是农村的孩子，学校的运转主要靠基金会来投资，我不打算怎么收学费，主要靠资助、捐款和勤工俭学帮助学生完成学业。这个大学主要还是靠企业家们捐钱，他们的名字会被刻在学校的墙上。当然，我首先要把钱捐出来。只有30%的资金靠学费。学生的规模在三四千人，最高不超过5000人。我还可以把很多老朋友，并且有共同理想的人聚到一起，共同建设这个学校。

办一所非营利性的私立大学，让农村孩子也能接受一流的大学教育，这是我今后最想做的事，是我的终身大事，我会努力把它做好。

想在中国办一所真正意义上的私立大学，我主要是基于以下两个方面考虑：

第一，我认为对于中国未来的教育体系来说，民办教育体系不发展起来是不可取的。民办教育在西方称作私立教育体系，已经非常发达了。我国的民办教育如果在某些领域不能跟公办教育抗衡的话，中国的教育永远是一条腿走路，不太容易走好。在民办教育体系中，我们只谈高等教育。高等教育体系的改革迫在眉睫，中国必须出一些能够与中国优秀的公立大学平分秋色的私立大学。我希望再过50年，当人们提到北大、清华、复旦、浙江大学这些世界闻名的大学的时候，也能够提到一些我国私立大学的名字。如果未来能有这样优秀的私立大学出现，不但可以增强中国教育体系的竞争实力，还可以增加学生选择的多样性，推动中国教育与国际的接轨。

第二，目前中国的私立教育基本是靠学生的学费维持运行，这是一个很荒谬的现实。这就意味着，不管学校怎样节约，学生都不可能受到良好的教育。因为私立学校就那点儿钱，不可能把钱用到每一个需要的地方，怎么能请来好老师呢？所以基本上民办学校都是请一些能力很一般的老师，这怎么可能有竞争力？曾任清华大学校长的梅贻琦先生说："大学者，非大楼之谓也，乃大师之谓也。"没有钱怎么请来大师，可见师资对于一所大学来说是多么重要。

我心目中的私立大学的模式是，学校有足够的钱，学生不需要考虑能不能交得起钱，而只需要考虑自己到底优秀不优秀。我的招生原则就是两个：首先，学生优秀不优秀；其次，尽可能地招收成绩好、有培养前途的农村孩子。我觉得农村孩子有着城市孩子所不具备的特质：吃苦精神、坚韧精神以及对社会民众疾苦的了解。当然，农村孩子也有很多弱点，可能相对自卑，刚开始的时候眼光相对狭隘，但这些都是可以锻炼改变的。所以，这个学校很大程度上是为农村孩子办的。

我要用基金会的方式来运作这所学校，基金会通过资本运作赚的钱，支持学生的学费并聘请著名教授。这方面我有自己独特的优势：首先，我懂教育；其次，我不想从这个学校赚钱；最后，我本人具有的品牌效应，能够请到全中国乃至全世界优秀的教授。有了名牌老师，学生没有不来的道理。

目前，我筹备中的私立大学已经开始征地了，当然这会是一个很艰难的过程。例如，基建完成之后，本科文凭资质尚需教育部的批准。前方一定会有很多的困难，但我不急不躁，有耐心。我还有充足的时间，还能做完这件事。

这就是我最想做的，我提供场所，我提供金钱，让伟大的人来这里对那些想要成为伟大的人讲课，我觉得这也是我现在最快乐的事情。我也把这件事情看成是我的责任。在我的心里，一个企业除了有为自身服务、赢得发展的责任，还有更多的社会责任需要承担。

我们最直接看到的责任是蕴含于企业本身之中的第一社会责任。一个企业如果本身没有社会责任感，光以赚钱为基础，事业是做不长久的。举一个简单例子，比如说我开了一家造纸厂，造出的纸印成书，可以传递知识和文化，从这个意义上说，造纸是一个伟大的事业。但是造纸厂在造纸的同时，为了经济利益不采取环保措施，以致污染了江河，污染了中国的青山绿水，这个造纸厂的意义就被污染给抵消了，变成了负面影响。也就是说造纸厂的老板，只有在污染控制住的前提下，才能去说服员工和社会，告诉他们这个造纸厂是伟大的。

从这个意义上说，新东方是完成了自身社会责任感的企业。因为，首先，新东方没有违法乱纪，没有污染环境。其次，新东方对学生的教育和培训，尽管短暂，甚至肤浅，但是至少我没有看到任何一个学生，因为受了新东方的培训而堕落了。我们看到的是学生在成长，英语水平在提高，眼界在开阔，信心在增加，志向更远大了。

一个企业在完成自身社会责任的同时，是不是愿意扶贫济困，捐资助学，热心公益……我觉得这属于它的第二社会责任。为什么这样说呢，因为企业第一社会责任完成了，就已经做好了企业应该做的事情，就已经为社会带来了好处。企业合法经营，又向国家纳税，增加就业机会，其实企业的良性循环系统就完成了。每个企业如果都做到这点的话，即使不再去捐款，企业对社会的基本责任也就完成了。但我这个说法并不是说企业做到这一点就够了，企业本身已经完成了最基本的社会责任的时候，第二个社会责任就变得非常重要了。因为这个世界毕竟不是完美的，任何一个国家，任何一个地区都有贫困，都有被忽视的弱势群体，都有受过伤害的人，都有自然灾害，不管在中国还是在美国，不管在欧洲还是在非洲，都有同样的情况，只不过人群的多少不一样而已。而中国正处在一个社会结构转型和体制改革的时代，国家和社会还没有发展到可以面面俱到地去照顾好每一个人，因此企业、社团、富裕阶层在基本义务之外还要承担更多的社会责任，这就变得非常重要。

第二社会责任新东方做得也比较不错。新东方从一开始就捐建希望小学，并且派老师到贫困地区去进行支教活动，只不过规模没有现在这么大，现在我们已经能够培训几千名贫困地区的英语教师了。今后我想新东方主要要做三件事回馈社会：第一是培训贫困地区的老师，不仅是英语老师，随着新东方进入中学全科教学领域，现在新东方已经有了培训中学各科教师的力量；第二是在贫困地区逐步建设一批实验学校，把新东方的先进教学经验和教学体系引进到这些学校，让当地的教师到新东方接受培训，依托新东方的教学优势把这些学校建设成示范学校；第三是资助贫困学生并为他们提供免费的英语学习课程，每年我们要资助5000余名贫困大学生，并向5万余名经济困难的大中小学生提供免费的新东方课程培训。新东方要做的这些事情是要确定指标和任务的，要和新东方管理干部的奖金挂钩，要和新东方老师的荣誉和奖励挂钩，这样才能既产生积极性，又有约束力。

我觉得这大概就是我的指导思想，新东方要做的就是两个社会责任同时完成。希望新东方能够让社会满意，或者说尽可能让社会满意。

第三条路，如果前两条路走不通或者不顺利，我不是选择隐居就是入庙，这是我真实的想法。入庙我现在还没有这个本领，我刚刚开始读《心经》和《金刚经》，领悟得还不是很深，但是隐居是有可能的，也是能简单做得到的。我把我的几千本书搬到山里，在远离人烟的地方结个草庐，或者造个房子，这个我还是能做到的。我还可以把周围的二三百亩的森林承包下来，我就当森林的看护员，再带上两个书童，没事就畅游一下山林池沼，平日里就在隐居的地方写写书，这也是可以做得到的。

我这个想法不是要去过懒汉的生活，吃了睡，睡了吃，而是要努力丰富我的生活内容，努力提高生活的质量。平日在林子里散散步、遛遛狗，在草地上晒晒太阳，开辟一片菜地，在池塘里养些鱼，成为这一片山林的守护者。

我最不希望的事情就是我身体的垮掉，但实际上我的身体对我的精神也是有影响的。比如说我的颈椎病，腰椎间盘突出就很严重，而且肠胃也失调。现在好就好在内脏还没有查出严重问题。所以，我现在还是挺积极地在进行体育锻炼，我每天都坚持游泳 1000 米。想要快乐的生活，没有个好身体也是办不到的。所以说，我也在调整自己的生活和工作规律，期望能早日实现"采菊东篱下，悠然见南山"的恬然生活。

适当地放下，才能得到真正的快乐

新东方上市后，引发了整个社会对民办教育行业的关注，国外的投资大量涌入，至今大概投了好几十亿美金。这是好的一点。但同时，也带了个坏头，大家都认为做培训机构能上市、赚钱，只要一上市，就万事大吉了。

新东方在上市四五年后，我深刻地意识到，一个教育培训企业的生死存亡与它的社会价值，跟上市没有任何关系。上市以后我的关注点不知不觉变了。之前，我专注于如何提升教学质量，让学生快乐地学习知识；而现在，我成天想的是用什么办法，让新东方的收入增加，让新东方的利润增加，让投资者高兴，让股票的价值提高。

我创业的过程也是由一个一个的错误组成的，我觉得那些错误都应该叫作经验教训或者是成长过程中必须交纳的学费吧。我应该客观一些来看待这些错误的。如果我现在能回去种上100亩地，请一个农学家跟着我一起天天种地，再把收获的菜拿去卖，最好身边还有几百本书伴随着我，想一想也是挺幸福的事情了。

事实上我当初要是选择当农民的话，现在可能也是一个农民企业家了，我应该是能达到这个标准吧，而且说不定也应该是江阴的一个上市公司的企业家了。因为江阴有接近30家农民企业家办的公司上市了，江阴人是一群很会做生意的人。一个人一旦进入专注状态，整个大脑就会围绕着一个兴奋点活动，一切干扰因素都会统统自行排除，除了自己醉心的事业外，什么生死荣辱，一概都会忘掉了。我就是这样，做任何事情都能持之以恒，所以我就说不一定要出来读书才有出息。即使我一直在农村，我的路径也可能沿着我老妈的那个小工厂做下去，最后就做大了。我做事情就是比较专心致志，心性专一，有始有终，因此，到最后我总能有收获。

我是有这样的兢兢业业做事的本领，我的最大的本领之一就是善于把一件小事情非常有耐心地，一步一步地往前把它做完，这是我的长处。一个人的时间和精力都是极其有限的，如果我想去做成一件事情，必须把仅有的时间和精力集中地投入到一件事情中去，只有一心一意去做这个事情，才能最终把事情做好。

如果突然交给我一件大事情让我紧急处理，我反而不知道怎么干，所以我从来不做大事情。像现在的企业家都成立各种各样的基金，我从来都不参与，因为我知道我不擅长那个东西。所以我本质上还是个农民，喜欢把钱挖个洞，埋在地里，每天去巡视一圈看看那块埋钱的地方我就觉得很安心。

我向来是没有什么索求的，一个人如果背负太多的东西，只会让自己疲惫不堪，只有适当地放下，才能得到真正的快乐。我对政治没有太多的兴趣，就拿我出任政协委员来说吧，几乎没有哪个政协委员是被人推上去的，很多人基本都是自己有所求才成为政协委员的。我加入民盟是自愿的，因为我觉得新东方必须依靠一个组织，我自己也需要有一个组织的归属感。那么我为什么选择民盟呢，因为有段时间我为民盟做了一些事情，民盟觉得我是一个不错的人，就接收我加入还把我推到了全国政协委员的位子上。

我还是尽心尽职地在做这个政协委员的，每年都会有两到三个提案，积极参与国家大事的讨论，而且我认为我的政治观是正确的，我认为中国需要改革和改良，而不需要动荡。

所以，我整个的教学引导包括对学生的演讲，都是教育学生要有耐心，让祖国慢慢地改变得更好，这些我觉得用英文来讲叫做"politically correct"，政治上绝对正确的。

坦率地说，我现在的兴趣不在政治上，甚至我都不知道下一届的委员还是不是我。但是这么说吧，轮到我呢，我觉得接受不接受可以再考虑，但是轮不到我呢，我会感到比较开心，这是实话。比如说，未来通过努力想往政协常委走，这个目标完全不是我想要的。我觉得我是用另外一种方式为中国的社会作着同样的贡献，用一种自己更加喜欢的方式。我不是说我不喜欢做政协委员，其实参政议政挺好的，给我带来很多荣誉，也给我带来很多向上陈述自己观点的机会，但是我觉得一定有另外一条路在等着我。

站在目前这个门槛上，要忏悔的事情很多。忏悔有的时候是良心上有过不去的地方。比如说我觉得对我的家人，我总是亏欠他们太多了。原因是孩子长大之后做父亲的几乎不在他们身边，对我老婆良心上也有过不去的地方。反正是人总有遗憾的时候，总有错误引起内心的后悔和不安，但是把握住可以弥补的机会还是可行的。那么我给自己留下什么呢？我想是留下了心路历程吧。

我在事业上的成功，也带来了同样的失落，我和亲人总是不能长时间相处在一起。每一次见面的时候，我又挂念着新东方的大小事情，人虽然和家人在一起，心思早就飞回到新东方学校里了。这么多年，他们已经习惯了我不在身边的日子，家里的大小事情几乎都不需要我跑前忙后，在指导孩子的成长方面我也挺亏欠他们的。10 年前我到温哥华去看我的孩子、老婆，一年要去 10 趟左右，每次回去，最多 5 天就待不住了，一想到新东方恨不得立刻就冲回来，所以最长待个 10 天就回来了。现在我回温哥华，看到那个快要回来的日子一天天临近，就开始浑身紧张。我现在去温哥华一般都是停留 15 天到 20 天，但是发现待不够，就想在那儿继续多住一段时间。

待在温哥华我主要就是用 E-mail 跟这边保持联络，每天晚上用三到四个小时处理邮件，平时读读书，在户外活动活动。我上一次在温哥华住了 16 天，读了 12 本书，而且每一本书都从头读到尾，还做读书笔记。因为 24 小时都是我的，除了接送孩子，给孩子做饭以外就是读书。之后是大量的户外活动，冬天我就在温哥华滑雪。我滑雪已经滑得相当好了。

我每天上午 9 点到 10 点是固定的游泳时间，每天都游，每次都连续游 1000 米，半个小时，从不间断，所以我的耐力是可以的。我觉得我在现实世界中的任务已经完成了一半了，还剩下的一半，后面就需要发扬自己原来的耐心和乐观精神去完成了。

新东方曾经是我努力设计并不断攀登的一座山，这座山就是新东方的进一步发展，从理念上到价值上。现在来看，当这一切都归于新的时代、新的理念之后，新东方这座山必须留给下一代的新东方人来攀登，而爬过另外一座山才是我的追求。

每个人心中都有等量的痛苦

一路走来，我这个创业的过程真是挺不容易的。人生就是这样的，你不受这个苦就会受那个苦。所以我有一个理念，人生来就是苦的。一个人如果从苦中能找到乐和幸福，那么他就是幸运的。如果人生来认为自己就应该是幸福的，那他一辈子会更加苦，因为这样的人总能碰到更多的烦恼。如果你认为生下来就是为了迎接痛苦和烦恼的，那么你做任何事情有痛苦和烦恼，你都会心安理得，坦然面对。因为你知道，你做这件事情有痛苦和烦恼，你不做这件事情，另外的痛苦、烦恼一样会有的。我分析了我周围所有认识的人及他们的生活，凡是我深刻理解过的，发现每个人心中几乎都有等量的痛苦和烦恼。我说的就是每个人生活中都在各种场合遇到过绝境，感情上的痛苦、烦恼，最后精神上扛不过的时候，几乎任何人都有。

所以最后为什么要走进佛的境界？就是要越过生老病死的这种痛苦，最后达到一种平和的境界，这就是佛产生的原因。现实社会中每一个人不管他有钱还是没钱，有房还是没房，有家还是没家，都越不过人生所给我们设定的各种苦恼和绝望，以及那些考验我们的各种困难。弘一法师的传记我全读过，但是到今天我也没有弄明白，他怎么从一个繁华世界突然就看破红尘，遁入空门，而且那么决绝。他生命中一定发生了某种重大的事情，他解决不了，在世俗世界中解决不了，必须到那种空灵的世界中才能解决。但是我很佩服他的就是，他一辈子变成了两辈子。前半辈子，中国话剧创始人，文采奕奕，"长亭外，古道边，芳草碧连天"；后半辈子，变成了中国律宗最伟大的大师之一，变成了中国所有出家人的榜样。我觉得这个是了不起的，但是他那种决绝我是总想做也做不到的。他的老婆带着他的孩子在庙门外，哭三天三夜，他就是不出来见，宁可一个人在里面流泪，就是不见，从此跟世俗世界就告别了。我想我要是往庙里一待，我孩子在边上一哭，我一分钟就跑出来了，所以我凡根未净。

人生需要车轮，更需要轨道

现在好的事情不等于从历史的角度来看也是好的，现在坏的事情不等于从历史的角度来看也是坏的，而且很多时候好中有坏，坏中有好，就是这样的。有些好处和坏处需要一二百年以后才能被评价出来。比如说如果人们没有饱受战争的痛苦，就不可能有二战后到现在接近 80 年的和平年代。那是因为人们在过去的战争中知道这个世界秩序是不能乱的，所以就有了联合国，所以有的时候问题总能得到协商解决。

但是即使有了联合国，联合国也没有解决世界人民的痛苦，因为局部的战争和人民的苦难还是不断地在发生。但是总能让人们安心地生活，就像现在的世界总能让和平的范围更加大一点儿一样。如果人们的心正了或者说人们的路走正了，总能让人的内心更加平静一点儿，更加开阔一点儿，同时做着我们认为对世界有好处的事情。

比如说毛泽东建设新中国，在他去世以前他一定认为波折中的中国不是他心目中想要的新中国，他是带着巨大的遗憾走的，一定是的。所以叫作事物的发展规律是不以人的意志为转移的，新东方也是一样。我给它造了车轮，没有给它造轨道，所以新东方的车轮开的方向，它转变的方向就不是我能转变的，而且有一段时间方向盘就不在我的手里。现在方向盘在我手里了，我发现我对方向盘的控制能力只有 20%，就是说，剩下的 80% 是来自于其他无形的力量控制的，我是拗不过它们的。遇到困难或者绝境时，也得暂时避开这些阻力，毕竟个人的力量有时候是很难与这些阻力抗衡的。

在痛苦的世界中尽力而为

我曾经跟我老婆说，我最喜欢的归宿是到庙里去，我最崇拜的人是弘一法师。我有一个这样的观念，人生的苦难肯定是没有尽头的，人要做的是在苦难中奋发起来，做自己能够做的和应该做的事情，这就是我的世界观。

在新东方最初成立的时候我是不会意识到这个层面的，但是从2000年往后，我就越来越深刻地意识到这一点。我从小就知道，人生的苦难是不可避免的。原因是我看到了我父亲的苦，看到了我母亲的苦，看到了我母亲即使现在过着锦衣玉食的生活依然很苦。她是心理上的苦，比如说自己的儿子要隔10天才能跟她一起吃顿饭，自己的老伴儿20年前就已经去世了，她很孤独，也很寂寞。

所以我就知道不管多有钱、多成功、多有社会地位，有很多东西人是摆脱不了的。一个麻烦解决的同时，另外一个更大的麻烦在等着你；一个痛苦消失的同时，另外一个更深层的痛苦在等着你。

我们中国人讲认命，但是我的认命不是输命，我的认命不是说这辈子就算了，就放弃了。因为我深刻地意识到什么也不做的痛苦比任何其他痛苦更加深刻，所以我一定要做事。我做事的标准就是必须做对社会有好处的事情，以最大的努力在痛苦的世界中尽力而为。

我讲的那么多其实不能代表我心情不好，天天不开心，不是那个概念，而是讲了我的苦恼和我寻求自己出路的苦恼，这个东西是每个人都有的，所以也是很正常的现象。我觉得中国的青年如果能够像我年轻的时候奋进，中年的时候成就，老年的时候反思，并且还不失其奋斗的动力，我觉得就挺好的了。

一个人应该懂得满足。生命最大的满足就是心灵的富足，这并不意味着我不去追求物质财富、七情六欲。在我有了足够的食物、衣服和躲避风雨的住所之后，任何追求如果没有更高层次的意义，最终将会归于无聊和空虚。

每个人都会有这样的经历，在物质过剩的时候，便会变得十分腻烦和不知所措。酒喝得太多了会吐，饭吃得太多了会胀，肚子里油水太多了会胖，人不需要劳作了会生出很多富贵病。人类的很多疾病都源于物质生活的过剩。当我看到一个肥胖的人牵着一条肥胖的狗从路上走过，我不仅为这个人感到痛苦，也为这条狗感到痛苦。它本来应该健康地奔跑在田野上，追逐野兔或白云，现在却被害得连路都走不动。我想这条狗被过剩的物质毁掉了，同时牺牲的还有它本来应该更加快乐健康的生活。

每当我做一件事情，我都要先问问自己，我最终能得到心灵的富足吗？如果回答是否定的，我就没有必要做这件事情。有些人互相斗富，今天你买宝马我就买奔驰，你戴浪琴我就戴劳力士。超过别人得到一时的满足，这是虚荣心的满足。中国人好脸面和虚荣，什么东西都希望表面上光鲜，结果弄得自己死去活来。最典型的例子就是青年人结婚摆排场，租高级轿车，吃五星宾馆，结果欠了一屁股债，导致夫妻关起门来天天吵架。现在上学的孩子们，在社会大环境的影响下，每天谈论的都是谁家的房子大，谁的父母官大，谁的衣服是名牌，谁的手机更好。在这种影响下长大的孩子，未来很容易变成空虚而迷茫的一代。

以后我会尽可能多地为别人着想，多关爱一下身边的亲人、朋友以及那些需要我帮助的陌生人。所有的人都是凡人，但所有的人都不甘于平庸。我知道很多人是在绝望中来到新东方的。现在新东方做大了，我面对的困难反而越来越多了。有些困难是因为中国的客观现实造成的，但有些困难的存在完全是因为我的无能和性格缺陷所致。放眼望去，我开始明白，只要新东方存在着、发展着，我所面临的困难和痛苦将会是无穷无尽的。很多次痛苦的时候，我都下定决心要放弃新东方，希望离新东方越远越好，很多次在我离开新东方一段时间后，又对新东方日夜思念，只要听不到新东方的消息就茶饭不思，坐立不安。上市之后，我的状态也一直不太对，不是我想要的那种状态。我其实是个随心所欲的人，但现在为了别人的利益，必须要去做很多事情，自己的空间越来越小。

我觉得自己应该静下心来先把新东方的事情处理好，再把自己的生活重新打理一下。我都快50岁了，以后怎样过一个更加平和的生活对我来说很重要。我希望自己能稍微潜下心来，去研究、阅读、思考一些哲学层面的东西。至少我想通了以后，就可以容纳我身边有这些思想的人跟我一起形成一种推动作用，这不光是为公司，也是为我自己，为我们这个社会。